Hermann Unterstöger

Da bleiben, und zwar sofort!

Bayerische Anstiche

Hermann Unterstöger

Da bleiben, und zwar sofort!
Bayerische Anstiche

Picus Lesereisen

Picus Verlag Wien

Grafische Gestaltung: Dorothea Löcker, Wien
Umschlagabbildung: Foto © Sebastian Thrainer
Druck und Verarbeitung: Remaprint, Wien
ISBN 3-85452-779-9

Informationen über das aktuelle Programm
des Picus Verlags und Veranstaltungen unter
www.picus.at

Inhalt

Bayerisches Panorama

Ohne einen Vergleich zwischen Bayern und Maghrebinien vom Zaun brechen zu wollen, sei hier kurz an das in seiner atmosphärischen Dichtheit unvergleichliche erste Kapitel in Gregor von Rezzoris »Maghrebinischen Geschichten« erinnert. Darin wird beschrieben, woraus das Land Maghrebinien recht eigentlich besteht, und siehe da, »recht eigentlich besteht das große und ruhmreiche Land Maghrebinien nur aus Geschichten, es ist vom einen bis zum andern Ende daraus gemacht«. Was aber seine Grenzen betrifft, so liegen die – ohne jede Vergleichsabsicht sei auch dies wiedergegeben – »im Herzen und in der Seele seiner Menschen«, Örtlichkeiten, von denen laut Rezzori Pedanten nichts wissen.

Woraus besteht Bayern und wo verlaufen seine Grenzen – die wirklichen, nicht jene ebenso zufälligen wie banalen Linien, die Bayern von Österreich, Hessen und ähnlich seltsamen Ländern trennen? Die Fremdenverkehrswerbung hat den Eindruck zu erwecken gewusst, Bayern sei ein einziger gewaltiger Brotzeitteller, bestehend aus dem oberbayerischen Leberkäs, dem niederbayerischen Presssack, der schwäbischen Handwurst, dem oberpfälzischen Obatztn, dem unterfränkischen Wurstsalat, dem mittelfränkischen Radi und dem oberfränkischen kalten Braten. Im Süden sichern ihn aus Emmentaler modellierte Berge, ansonsten ist er gut durchsetzt mit Bierkrügen, deren größter der Chiemsee ist, weil der noch größere Bodensee leider etwas abseits steht und trotz der Lindauer Anbindung nicht ohne weiteres zum bayerischen Biermeer erklärt werden kann. Radieserl in Form von barocken Kircherln erfreuen das Gemüt, darüber wölbt sich ein ewig weißblauer himmlischer Trachtenhut. Und die Musi spielt dazu. Die Grenze dieses Gebildes wäre der Tellerrand, über den angeblich keiner der Hiesigen hinaussieht.

Nach außen hin ist es ein lautes, ein lustiges Land, auftrumpfend und kreuz- beziehungsweise schnacklfidel. Die Bücher, die diese Seite Bayerns beschreiben, seine Schauseite, füllen ganze Büchereien, und wenn sie gern gelesen werden, dann mit dem guten Grund, dass in einem Land, das viel vom Gepränge hält, die Schauseite zum Wesen gehört. Es ist nicht das Schlechteste, was man vorweist. Mittlerweile weiß man freilich, dass es auch ein anderes Bayern gibt, das oft tatsächlich »das andere Bayern« genannt wird, und auch darüber gibt es nicht wenige Bücher. Dieses andere Bayern ist bis zur Stummheit leise, dumpf und eckensteherisch, und manchmal von einer untergründigen Verzweiflung, die, in Ludwig Thomas »Wittiber« zum Beispiel, auf dem Dachboden endet. (Kleiner, aber durchaus notwendiger Exkurs: Leise im Sinn dieser Charakterisierung hat nichts mit stad zu tun. Das in der Vorweihnachtszeit allgemein geübte Stadsein ist die lärmendste Stille, die sich denken lässt, ein oft schwer erträglicher Taumel an Innigkeit.)

Bayern ist nicht Maghrebinien, das fehlte noch. Dennoch sei hier, um die Grenzen in Herz und Seele anzudeuten, eine Geschichte erzählt, die dem Autor dieses Büchleins und seiner Frau vor Jahr und Tag widerfahren ist, und der Himmel sei Zeuge, dass sie weder erfunden noch aufgebläht noch um entscheidende Valeurs geschmälert ist. Wir zwei waren erst kurze Zeit in München und gingen eines Sonntags, um das Wesen der Stadt und ihre Sitten kennen zu lernen, ins Hofbräuhaus am Platzl, in die so genannte »Schwemme«. Es war noch früh am Tag, kaum Leute in der riesigen Lokalität, die Kellnerinnen und Kellner standen herum oder legten letzte Hand an ihre Tische, bei der Musikkapelle dudelte man sich warm. Nichtsdestoweniger bestellten wir Weißwürste und je ein Weißbier, und kaum waren wir im schönsten Essen, als sich ein ältlicher, ziemlich dicker Mann zu uns setzte, und zwar ans andere Ende des langen Biertisches sowie mit dem Rücken – man könnte, bei seiner Körperbeschaffenheit, auch sagen: mit dem Hintern – zu uns. Stumm legte er das Geld für eine Maß Bier auf den Tisch, stumm nahm er die Maß entgegen, stumm trank er sie, stumm ließ er sich eine zweite Maß kommen, und es hatte ganz den Anschein, als könnte es so für alle Ewigkeit weitergehen.

Inzwischen hatte die Musik zu spielen begonnen, Amerikaner und Japaner tröpfelten herein und wir beschlossen, uns vor dem großen Rumpel zu verziehen. Als wir gezahlt hatten und aufstanden, kam plötzlich Leben in unseren Tischgenossen. Ächzend drehte er sich zu uns um und sagte, mit deutlicher Enttäuschung in der Stimme: »Geht's ihr scho!?« Unter Brüdern hieß das: War schön mit euch, wir hatten doch eine pfenniggute Unterhaltung, schade, dass ihr schon wegmüsst, hoffentlich sieht man sich hier wieder einmal. Wir haben den Mann nie mehr getroffen, was zuvörderst daran liegt, dass wir Wesen und Sitten Münchens nicht mehr nur im Hofbräuhaus suchten, doch als Freund und Inkarnation eines bestimmten Bayerntums halten wir ihn, nicht ohne dabei in uns hineinzulächeln, in ehrender Erinnerung.

Damals schien es uns, als bestätige sich die alte Ahnung, wonach das ruhmreiche Land Bayern nicht aus Leberkäs, Wurstsalat und Ähnlichem besteht (daraus natürlich auch, aber nicht nur), sondern recht eigentlich aus Geschichten, und dass seine Grenzen, in den günstigeren Fällen wenigstens, in den Herzen und Seelen der Menschen verlaufen. Es sind meist keine großartigen Geschichten, nichts Atemberaubendes und Weltbewegendes, und die Grenzen in den Herzen und Seelen haben nichts Bedrohliches, nichts Abwehrendes. Allenfalls wollen sie Folgendes sagen: Hier bin ich und dort bist du, wir müssen uns nicht gleich in die Arme fallen, aber einen kurzen Ratsch sollten wir schon halten, so viel Zeit muss sein. Dann erzählt man sich dies und das, Geschichten vom

Kini oder dem Waldpropheten Mühlhiasl, erörtert die kleinen Wesentlichkeiten des Lebens, das Bier zum Beispiel und die völlig anders geartete Staatsregierung, hört auf den Dialekt des anderen sowie darauf, ob sich mit ihm wohl zweistimmig würde singen lassen, schimpft auf die Pfarrer und lobt – mit der nötigen Zurückhaltung – ihren obersten Dienstherrn, und wenn man das alles getan hat, trennt man sich ohne großes Trara und sagt hernach vielleicht voneinander: »Schau o, gar net so deppert, der Mo, als wiar a aufn erstn Blick ausgschaut hat!«

Wenn das die Leser dieses Büchleins später vom Autor sagen könnten, würde der sich ganz schön freuen.

Der Darguner Bierkrieg

Ein Streiflicht zur klösterlichen Eifersucht

Dass Bier und Kloster in unserem Kulturkreis zusammengehören, ist überhaupt keine Frage und vielfach belegbar. Die heilige Nonne Hildegard zum Beispiel empfahl gegen Hodenschwellungen unter anderem jene Malzkuchen, »aus denen das Bier wird«, und fand überhaupt, dass Bier sowohl das Fleisch des Menschen dick macht als auch aufgrund der Kraft und des guten Saftes des Getreides dem Gesicht eine schöne Farbe gibt (Letzteres ist auf dem Oktoberfest immer sehr gut zu beobachten). Indessen stand man auch in Klöstern dem Bier nicht kritiklos gegenüber. Man kannte die Folgen des Unmaßes und wusste sich zu wappnen. Der oberpfälzische Benediktiner Odilo Schreger veröffentlichte auf seine alten Tage, also aus der Fülle seiner Erfahrungen heraus, ein Heilbüchlein, in dem er den Rausch sowohl präventiv (Mandelkörner oder Baumöl) als auch nachsorgend (warmer Wein, eingemachter Ingwer) bedachte.

In Bayern gab es einst eine Vielzahl guter Klosterbiere. In dem Maß freilich, wie sich alles konzentriert, ist allmählich auch dem Kloster Andechs alias dem »Heiligen Berg« der Ruf zugewachsen, schlechthin der Hort klösterlicher Braukunst zu sein. Die Andechser haben, getreu dem Wort der Schrift, mit diesem Pfunde gewuchert und im Rahmen ihrer Markt-Ambitionen einen scharfen Blick für die Vorzüge des Eigenen vor dem Anderen entwickelt, wie ja überhaupt die Unterscheidung (discretio) eine benediktinische Grund- und Erztugend ist. Als das völlig Andere mussten sie seit ein paar Jahren die »Klosterbräu«-Biere aus der »Darguner Klosterbrauerei« wahrnehmen – so anders insbesondere deswegen, weil das Kloster Dargun bereits 1552 aufgehoben wurde und somit bei der 1991er Neugründung allenfalls sehr vage von einer Anknüpfung an klösterliche Brautraditionen die Rede sein konnte. Obwohl Benedikt unter den »Instrumenten der guten Werke« auch die Vermeidung von Eifersucht und Neid nennt, zog die Münchner Abtei St. Bonifaz, zu der Andechs gehört, vor Gericht und kämpfte den hinter dem Darguner Bräu steckenden dänischen Konzern nieder. Passender denn je präsentiert sich Dargun mit einem – im Stadtwappen – darniederliegenden Abtstab.

Die Folgen des Urteils sind noch nicht abzusehen. Sollte es sich jedoch als Handels- und Werbemaxime etablieren, dass ein kirchlich oder religiös anmutendes Firmen-Outfit durch eine entsprechende Betriebs- oder Produktstruktur gedeckt sein muss, so könnten harte Zeiten anbrechen. Man denke nur an zwei Münchner Großbrauereien, die als »Franziskaner« respektive »Paulaner« auftreten, ohne Ordensniederlassungen im eigentlichen Sinne zu sein. Andererseits ist den Andechsern zu Demut im Triumph zu raten. Ihr Geschäftsgeist in Ehren, doch gilt für sie noch mehr als fürs Bier: Wo Kloster draufsteht, sollte auch Kloster drin sein.

»Pfui Deifi« für Meisterkoch Alfons Schuhbeck

Ein Verein bemüht sich um die bairische Sprache

Im November 1997 verbreitete der *Münchner Merkur* die Meldung: »14-Jährige ist Dialektgenie.« Es handelte sich dabei um Isabelle Hilz aus Litzldorf; sie hatte eine Sprachprüfung gemeistert, bei der es unter anderem darum gegangen war, den Satz »Da Zuwa is daläxld« zu verstehen und auf Hochdeutsch wiederzugeben. Veranstalter des Wettbewerbs war der in Aying beheimatete »Förderverein Bairische Sprache und Dialekte«, dessen Vorsitzender Hans Triebel es zu allerlei Ehrentiteln gebracht hat, »Revoluzzer« etwa, »Letzter Mohikaner« oder, wegen seines Rauschebarts, »Bayern-Castro«.

Aus diesen Titeln auf eine über kurz oder lang verlorene Sache zu schließen, läge nun niemandem ferner als Hans Triebel, und wie zum Beweis dessen, dass das Objekt seiner Bemühungen in guter Verfassung ist, haben sich dem Verein soeben wieder zwei prominente Bayern angeschlossen, Rosi Mittermaier und Christian Neureuther. Von ihnen weiß man, dass sie aus ihrem Dialekt kein Geheimnis machen; möglicherweise wären sie sogar im Stand, das Rätsel »Da Zuwa is daläxld« aufzulösen. (Der Satz bedeutet: Der Zuber ist zerborsten, wobei der Förderverein nicht müde wird darauf hinzuweisen, dass »Zuwa« nicht mit »Eimer« übersetzt werden dürfe, sondern mit »Schaff« beziehungsweise »Bottich«.)

So wenig die Mitgliederzahl eines Vereins etwas über die Stichhaltigkeit des Vereinszwecks aussagen muss, so wenig sollte man das Anliegen gering schätzen, das immerhin 1700 Leute dazu bewog, sich dem Förderverein fürs Bairische anzuschließen. Im Grunde ist dieses Anliegen eine Not, und zwar die Angst, dass es mit der bairischen Sprache dahingeht, dass die Mundartsprecher vor dem Auftrumpfen des Hochdeutschen und diverser modischer Jargons nach Bayernart klein beigeben, sich dem Neuen und Schicken kriecherisch anpassen.

Dieser Tendenz stemmt man sich entgegen, gestützt unter anderem auf Aussagen wie die des Bayreuther Sprachwissenschaftlers Robert Hinderling, dem zufolge das Eigengepräge des Bairischen, schon von den grammatischen Besonderheiten her, gegenüber dem Schriftdeutschen derart stark ist, dass es auf den Status einer eigenen Sprache allemal Anrecht hat. Anthony R. Rowley, unter dessen Leitung bei der Bayerischen Akademie der Wissenschaften das neue »Bayerische Wörterbuch« erscheint, steht aus diesem und aus anderen Gründen auf dem Standpunkt, das Bairische sei eine schützenswerte Sprache und gehöre für die europäische Charta der Regional- und Minderheitensprachen angemeldet.

Hohe Ziele. Wenn der Verein dennoch in einem Dilemma steckt, dann deswegen, weil er sein Tun und Streben auf eine möglichst volkstümliche Weise verkaufen muss. Triebel und seine Leute machen das mit Lust, und einige ihrer dialektrettenden Aktionen sind mittlerweile Legende. So zum Beispiel führen sie einen ewigen und bisher ersichtlich völlig erfolglosen Krieg gegen den Abschiedsgruß »Tschüss«. Ohne zufriedenstellenden Abschluss blieb vorderhand auch der Feldzug gegen landesuntypische Produktnamen auf den bayerischen Viktualienmärkten, wo man zum Verdruss der Dialekthüter *Pfifferlinge* statt *Reherl* fand, *Möhren* statt *Gelbe Rüben* und *Rote Bete* statt *Rote Rüben* (oder, noch authentischer, *Rannen*). In eine ähnliche Richtung zielt das Bestreben, den Gastwirten das gute alte *Wammerl* an Stelle des gemeindeutschen *Bauchfleisches* anzuempfehlen; wer indessen je diese ganz auf Bairisch geschriebenen, zum Erbrechen lustigen Speiskarten gesehen hat, kann von einer Bajuwarisierung nur abraten.

Bei einem Teil der Presse landen diese und ähnliche Vorstöße im Gaudiressort und entsprechend fallen die Kommentare dazu aus. Da der Förderverein seinerseits nicht nur aus stummen Duldern besteht, entspinnen sich daraus oft allerlei unterhaltsame und lehrreiche Kontroversen. Die Leserbriefe, die in den Zeitungen abgelehnt werden, erscheinen später im Rundbrief des Fördervereins, verbunden dann und wann mit solchen Abmahnungen: »Herr« – hier folgt das Kürzel des zu rügenden Kollegen – »sollte mit seinen tumpen Parolen besser aufhören und nicht weiter mit einigen Kollegen in der *SZ* gegen die Bairisch sprechende Minderheit hetzen.«

In besagtem Rundbrief wird alles dokumentiert: der Appell an das Bettenhaus Rid, in der Werbung nicht mehr zu behaupten, bald sei »heilich Abend« (statt »heiliger Abend«); ein beherztes »Pfui Deifi« für Meisterkoch Alfons Schuhbeck, weil er im Fernsehen mit »Sahne« statt mit »Rahm« kocht; Seitenhiebe ferner auf den *Bayerischen Rundfunk,* wo man »Fürsich« statt »Pfirsich« und »Gebürche« statt »Gebirge« sage – und dies, obwohl der Literaturchef des Senders, der die sprachvergessene Presse ständig mahnende Reinhard Wittmann, zur Vereinsprominenz gehört.

Indessen wird in dem Blatt auch nicht verschwiegen, was Mundartforscher feststellen: dass in der Landeshauptstadt München das Bairische in seiner bis vor kurzem noch geläufigen Form keine Zukunft hat. Man kann das als Aussterben werten, man kann aber auch konstatieren, dass der bisherige Stadtdialekt von einem neuen, allerdings völlig anderen Stadtdialekt abgelöst wird – ein Sprachwandel also von gar nicht so großer historischer Einmaligkeit. Andeutungsweise findet sich in dem Heftl manchmal einer der Hauptgründe für den Wandel. Es ist dies eine Elternschaft, die den Kindern den Dialekt samt seinen vermeintlichen üblen Nebenfolgen in der Schule ersparen will und nicht ahnt, was sie ihnen in Wirklichkeit vorenthält. Beispielhaft in dem Zusammenhang jener Bayernkönig, der auf die Frage eines Hauslehrers, was für einen ungehobelten Dialekt die Prinzen denn sprächen, zur Antwort gab: »Ja mei, i woaß aa need, wo de Hundskrippen des her ham!«

Sprachlos mit vielen Worten

Er braucht kein politisches Programm und kein philosophisches System – Gerhard Polt bewegt sich gerne im Unterholz des Banalen

Manchmal, in kurzen Momenten, wandelt einen das Gefühl an, als sei Gerhard Polt schon so etwas wie der alte Goethe. Nicht der echte alte Goethe, sondern der aus Thomas Manns »Lotte in Weimar«, der mit der ebenfalls alten Charlotte Kestner geb. Buff im Landauer sitzt und erklärt, was das Leben im Grunde sei, nämlich Wandel der Gestalt, Einheit im Vielen und Dauer im Wandel. Freilich würde man sich eher sonst wohin beißen, als Polt von solchen Anfechtungen in Kenntnis zu setzen: Zu ätzend wäre sein in die Breite und Länge gezogenes »Naa, also der Goethe, hähä, hat ganz lustige Sachn gschriebn, aber mei, was hoaßt scho Gestalt …«

Um von dieser Dauer im Wandel einen Begriff zu geben, muss man sich in Polts letzte Produktion versetzen, in die im Cuvilliés-Theater präsentierte Melange »Crème Bavaroise: Obatzt is«. Darin gibt es eine fast Shakespeare'sche Szene, in der Polt in einem Grab herumfuhrwerkt und dazu redet, als wäre er der Totengräber, Hamlet und Yorricks Geist in einem. Plötzlich ist da eine Fliege, deren Surren Christoph Well auf der Trompete grausig virtuos nachahmt. Polt beginnt, sie zu jagen, und wenn er sie endlich erledigt hat, bestattet er sie in seinem Maßkrug.

Die Geschichte mit der Fliege führt weit hinab in Polts Kindheit. Es war in Altötting, wo sie damals wohnten, gegen Kriegsende und die Jahre danach. Gerhard und seine Spezln gingen ziemlich regelmäßig ins Leichenhaus. An einem Sommertag, den er als absolut still in Erinnerung hat, sahen sie einen Toten, dessen Mund weit offen stand, weil die Kinnbinde weggerutscht war. Dann kam auf einmal eine riesige Fleischfliege, die immer und immer wieder in die kläglich klaffende Mundhöhle flog – man braucht keinen alten Goethe, um zu erkennen, dass das die Fliege war, die jetzt im Cuvilliés-Theater erschlagen und begraben wurde. Zur Abrundung sagt Polt, dass neben dem Sarg dieses Mannes ein Schuhkarton stand, worin »a kloans Kind« war, »a Säugling oder so was«.

Im Mai 2002 feierte Polt seinen sechzigsten Geburtstag. Einer Radioreporterin, die ihn nach seinem Geburtstagswunsch fragte und sich davon möglicherweise bedeutende Einblicke versprach, erzählte er am Telefon, sein sehnlichster Wunsch sei es, von seiner Frau, der Tini, um Punkt zehn Uhr zwei Weißwürste »kredenzt« zu bekommen, mit Brezen und Weißbier natürlich. Weil: Eine Weißwurst sei schließlich kein Spaß, sondern »scho a Sach«, also ein wichtiger, aller Aufmerksamkeit, Zuwendung und geistigen Durchdringung würdiger Gegenstand. Er freute sich diebisch über diese Antwort, und die Freude rührte ersichtlich nicht zuletzt daher, dass es ihm wieder einmal gelungen war, der Frage nach Wesen und Sinn seiner poetischen oder kabarettistischen Existenz einerseits aus dem Weg zu gehen und sie andererseits doch so zu beantworten, dass es als typisch poltisch akzeptiert wird. Ein Exkurs über die Weißwurst gilt als poltisch, auch einer über den Leberkäs, das Lüngerl oder den Schweinsbraten.

Würde er, was immerhin denkbar wäre, Immanuel Kant als Gewährsmann heranziehen, wäre das für beide Seiten eine Peinlichkeit – nicht weil Polt zu Kant vielleicht nichts Schlaues einfiele, sondern weil es eine Art von bayerischer Schamhaftigkeit gibt, die es einem wie ihm förmlich verbietet, sich in solcher Umgebung zu spreizen. Sie haben, sozusagen, nicht miteinander Schweine gehütet, Kant und er. Als ihn ein Reporter von *GEO* einmal damit ködern wollte, dass Kant den Witz als die Auflösung einer gespannten Erwartung in nichts bezeichnet habe, sagte Polt nur: »Gscheiter Mann, der Kant!«

Man muss nicht, aber man kann sich auch diesem Phänomen aus der Altöttinger Sicht annähern. Das Haus, in dem die Polts damals wohnten, war eine Metzgerei, und ein paar Häuser dahinter begann der Friedhof. Was die Metzgerei angeht, so hatte der kleine Gerhard dort seine ersten krassen Begegnungen mit Tod und Leben, indem er beim Schlachten zuschauen durfte und zum Blutrühren eingeteilt wurde (eine durchaus honorige Tätigkeit übrigens, mit der man nicht jeden Deppen betraute), indem man ihm aber auch die ersten Würste zum Probieren gab und so tat, als würden sie erst nach dieser Geschmacksprüfung zum Verkauf freigegeben. Und der Friedhof? Nun, laut Polt erübrigt sich für einen, der neben dem Friedhof aufwächst, in späteren Jahren die Seinsfrage.

1976 tauchte er zum ersten Mal in die kabarettistische Sphäre ein und seither gilt er, wie im Munzinger-Archiv bedeutsam geschrieben steht, »als preisgekrönter Experte bajuwarischer Lebens- und Wesensart und politischer Anarcho, der die Beobachtung und Darstellung von Spießbürgern jedweder Provenienz zur anerkannten Meisterschaft brachte«. Was von da an geschah, ist Teil der bundesdeutschen Kabarettgeschichte, man denke nur an die Reihe »Fast wia im richtigen Leben« oder an jene »Scheibenwischer«-Sendung, welche die Bayerische Staatsregierung fast an sich, der Welt und der Vorsehung hat irre werden lassen. Es erübrigt sich der Hinweis, dass Polts Talent sich, bei aller Eigenständigkeit, am besten dann entfaltete, wenn es in befruchtende Wechselwirkung mit den Talenten anderer trat: mit der schnellen Schärfe Dieter Hildebrandts, mit dem quirlig kreativen Überschwang Hanns Christian Müllers, mit dem Maxvorstädter Stiegenhaus-Charme Gisela Schneebergers oder mit dem umwerfenden Volksmusikantengenie der sauberen Brüder Hans, Michael und Christoph Well alias der »Biermösl Blosn«.

An Deutern der Polt'schen Kunst hat es nie gefehlt. Fast denkt man, sie wären gerade dadurch angelockt worden, dass es bei Polt so wenig Deutenswertes zu geben scheint: keine gesellschaftskritische Theorie, kein politisches Programm, kein philosophisches System, kein Überbau. Nur Unterholz gewissermaßen, ein Gestrüpp von banalen Verhältnissen und banalen Personen. Er selbst verweigert es seit Jahren, sich als Künder von irgendwas zu sehen oder sehen zu lassen. Wer je sich in die Gefahr begibt, ihn zu fragen, was er denn mit dem oder jenem eigentlich habe sagen wollen, der kommt darin um, indem Polt ihn unweigerlich mit der hiesigen Allerweltsfloskel »Ja mei« abspeist, also verhungern lässt. Der auch in solchen Dingen sehr hellhörige Joachim Kaiser hat Polt zum »Meister der Verhaltenheit« ernannt. Das trifft die Sache zwiefach genau, insofern als es von Polts wortreicher Sprachlosigkeit, von seiner sehr komischen spröden Verschlossenheit Kenntnis nimmt, als es aber auch andeutet, dass einer, der viel verhält, viel zu sagen hat – nur dass er's eben anders sagt, nämlich über seine Geschichten und die Figuren darin.

Polt lacht gern, ja exzessiv, und ebenso gern und exzessiv raunzt er. Für beides verfügt er über Register, die unsereins nicht zöge, selbst wenn er sie hätte, und über Klangfarben, die vom Grausigen bis zum völlig Kindischen reichen. An Material hat er keinen Mangel, weil sein Material die Menschen sind, ihre Untiefen und Seichtheiten, ihre Güte und Bosheit, ihr Reiz und ihre Unerträglichkeit, ihre sozialen Bedingungen und die skurrilen Allianzen, zu denen sie sich zusammenfinden – nicht immer auf Gedeih und öfter als nötig auf Verderb. Das Bairische ist sein genuines Ausdrucksmittel, nicht jedoch sein Hauptthema. So lustig es sein mag, staatsbayerischen Affären und Personen kabarettistisch auf den Pelz zu rücken, so unergiebig ist es letztlich, sich von der seit Strauß' Hinscheiden eher matten Fiktion zu nähren, Bayern sei eine Diktatur. Der Mensch, sagt Polt, habe Gott sei Dank etwas Lächerliches an sich: »Wenn i nausgeh, muass i lacha – dieser Glaube an a Jogurt und so weiter, des geht nia aus.«

Kürzlich hat er wieder etwas aufgeschnappt, das sich höchlich dazu eignet, die innere Vermessung des ganz normalen Herrn Nachbarn ein Stückchen voranzutreiben. Sie saßen nach der Premiere von »Obatzt is« im Wirtshaus, da hörten sie am Nebentisch einen Gast zum anderen sagen, dass er das Militär dem Zivildienst vorziehe, »weil i leichter oan derschiaß, den i net kenn, als dass i oam, den i kenn, an Arsch ausputz«. Eines Tages wird das im Werk Gerhard Polts auftauchen und dann wird man vielleicht sagen, so was gibt's doch überhaupt nicht. Aber das richtige Leben ist oft echter, als man denkt.

Der Hasenhirsch meldet sich zurück

Ein Streiflicht zur Wolpertinger-Forschung

Was das Verhältnis der Bayern zum Tier angeht, so kolportiert R. W. B. McCormack, Rom sei 895 durch die Truppen Herzog Arnulfs nur deswegen eingenommen worden, weil ein paar Söldner einem Hasen nachjagten und die Hauptstreitmacht dies für das Zeichen zum Angriff hielt. Wie so oft, irrt der texanische Ethnograf auch hier. Von einer Hasenjagd konnte keine Rede sein. Vielmehr muss, wie Aventin in seiner »Bayerischen Chronik« berichtet, besagten Söldnern »eyn klein seltzam thier« vorausgelaufen sein und die Truppen letztlich zum Sieg geführt haben. Historiker, die noch aus dem Bauch heraus arbeiten, haben nie daran gezweifelt, dass es sich dabei um einen Wolpertinger handelte. Es wäre das einer seiner letzten dokumentierten Auftritte gewesen, denn nachher wurde er glaubhaft nur noch beim Eintritt der Wittelsbacher in die Geschichte, bei der Grundsteinlegung zum Schloss Neuschwanstein und bei zwei oder drei Gauweiler'schen Grundsatzreden gesehen.

Vieles ist über den Wolpertinger schon geschrieben worden, so dass die Welt eine relativ deutliche Vorstellung von seinem Äußeren hat. Der Körper wird allgemein als gedrängt, kompakt, »irgendwie walzenförmig« geschildert, und man wird nicht fehlgehen, wenn man vermutet, dass da althergebrachte Charakterisierungen des bayerischen Menschen einfach auf das Tier – wenn denn der Wolpertinger eines ist – übertragen wurden. Generell scheint sich ja im Wolpertinger allerlei Wesenhaftes widerzuspiegeln. So etwa weisen Landeskundler aus der Bosl-Schule immer wieder darauf hin, dass die genealogische Buntscheckigkeit des Wolpertingers der des bayerischen Stammes ziemlich genau entspreche: gewissermaßen Kraut und Rüben, aber im Ergebnis ganz passabel. Was bei diesen Annäherungen die meisten Probleme bereitet, ist das Gehörn des Wolpertingers. Es ändert sich von Darstellung zu Darstellung, und insofern ist es ein Segen, dass bei archäologischen Grabungen in der Hallertau ein 2,6 Zentimeter langes Geweih gefunden wurde, das von Paläontologen zwar dem vor Jahrmillionen ausgestorbenen Hasenhirschen zugeordnet wird, an dem aber die Wolpertingerforschung unmöglich vorbeigehen kann.

Gesetzt, beim Wolpertinger handle es sich um eine Restpopulation des Hasenhirschen: Dann wären die aberwitzigen Gehörne, die Fantasten ihm bislang zuteilten, wissenschaftlich nicht länger haltbar. Von der Stammespsychologie her waren sie ohnedies nie vertretbar, weil das Hörner-aufgesetzt-Bekommen in der sonstigen Folklore kaum belegt ist und weil zum anderen sowohl die Aggressivität der Bayern als auch ihre Strebsamkeit besser durch kleine als durch große Geweihe symbolisiert werden. Dass der Fund gerade jetzt gemacht wurde, da Bayern teils von Hasen und teils von Hirschen beherrscht wird, sollte uns allen schwer zu denken geben.

Überleben mit einer Kugel im Rücken

Ein Streifzug durch das einstige Revier eines Mannes, den die einen als Helden, die anderen als Hallodri sehen

Zwei Gestalten kennt der Bayer, die ihm vor anderen am Herzen liegen: der eine ein König, der andere ein Wilderer, und beide dadurch so innig wie gespenstisch verbunden, dass es bei ihrem Tod nicht mit rechten Dingen zuging. Was den König betrifft, Ludwig II., den »Kini«, so klammert sich an ihn das Gerücht, er sei anno 1886 nicht ertrunken, sondern erschossen worden, und zwar von hinten. Neun Jahre zuvor, am 6. November 1877, hatte es den Wilderer erwischt. Er hieß Georg Jennerwein, genannt »Girgl«, und was er dem König voraushat, ist der Umstand, dass bei ihm der Schuss von hinten klar erwiesen ist. Das Volk neigt bis heute dazu, den zweien im Lied zu huldigen, und auch hier ist der Wilderer im Vorteil, weil die auf ihn gemünzte Ballade wie sonst keine an Herz und Sinne geht: »Es war ein Schütz in seinen schönsten Jahren, / er wurde weggeputzt von dieser Erd …«

Man kann sagen, dass der Jennerwein von zwei an sich tödlichen Sachen am Leben erhalten wird: von der Kugel in den Rücken und von einem Lied, dessen Melodieverlauf die Tendenz hat, selbst tragischste Textzeilen ins Komische zu verzerren. So heißt es einmal: »Auf hartem Fels hat er sein Blut vergossen, / und auf dem Bauche lie...« – hier machen Sänger von Format eine ausgiebige, mit Wehmut bis zum Zerreißen gefüllte Pause, um dann fortzufahren: »...gend fand man ihn.« Darauf reimt sich »Zerschmettert war sein Unterkinn«, und mit dieser Verszeile kommt man ins Zentrum der Jennerwein-Tragödie. Wieso ist das Unterkinn zerschmettert, wenn einer von hinten erschossen worden ist?

Selbst wenn die letzten Details auf ewig ungeklärt bleiben werden, hat sich damals auf dem Peißenberg, am Schwarzholzeck, Folgendes zugetragen. Der Jagdgehilfe Josef Pföderl sah den Jennerwein auf einem Baumstumpf sitzen und Brotzeit machen. Zwischen ihnen herrschte eine erbitterte Feindschaft, teils der Wilderei wegen, teils wegen eines Mädels, das Jennerwein einst dem Pföderl abspenstig gemacht hatte. Der Jennerwein war nämlich ein fescher Bursch, der die Zither anerkannt virtuos schlug und ansonsten weder einer Liebschaft noch einer Rauferei aus dem Wege ging.

Pföderl fackelte nicht lange, sondern schoss den Wilderer von hinten nieder – wahrscheinlich ohne Anruf, weil das, bei Jennerweins virtuosem Umgang mit der Büchse, für ihn hätte gefährlich werden können. Seinem Kollegen Simon Lechenauer sagte er später, der Jennerwein habe folgenden Schrei ausgestoßen: »Himmi Sakrament, daschiaßn deans mi aa no!« Pföderl muss längere Zeit bei dem toten oder noch lebenden Opfer gesessen haben und am Ende zu dem Entschluss gekommen sein, einen Selbstmord vorzutäuschen. Als man den Jennerwein fand, war sein rechter Fuß unbekleidet und die große Zehe in den Abzugsbügel des Gewehres geklemmt. Zwei Kugeln hatten seinen Kopf zerfetzt, dergestalt, dass die Wange samt dem halben Schnurrbart in einem Baum hing.

Nun ist es ja anerkannt sinnlos, Legenden zu hinterfragen. Dennoch hat es seinen Reiz, das Holzkirchner, Schlierseer und Tegernseer Land zu durchstreifen und auf die Geschichten zu hören, die über den Jennerwein bis heute umgehen. Barbara Haltmair, Autorin in Großhartpenning, hat den Roman »Mein geliebter Jennerwein« geschrieben, wobei der Titel weniger ihre Sicht als die ihrer Heldin wiedergibt, der Nanni, die erst an Jennerweins Grab wieder zu sich selber findet. Ihre Zeit mit ihm war ein herrlicher Graus, weil es der Jennerwein, wie gesagt, einerseits mit den Frauen verstand, weil er aber andererseits – oder eben deswegen – zu keiner festen Bindung zu bewegen war. Gebrochene Herzen säumten seinen Weg, und nach seinem Tod war es selbst unter gestandenen Frauenspersonen keine Schande, ein Gspusi mit dem Hallodri anzudeuten.

Frau Haltmair sagt, man solle »zum alten Zotzn« in Rottach-Egern gehen, dort könne man Interessantes über Jennerweins Leichenzug erfahren. Laut Lied und Überlieferung wurde der Tote am neunten Tag nach dem Mord aufgefunden und nach Schliersee gebracht, seinem Wohn- und Lieblingsort. Tatsächlich fand man ihn schon am achten Tag; die nichtsdestoweniger lange Frist erklärt sich daraus, dass der Jennerwein oft längere Zeit abgängig war und dass er in diesem Fall die Mär verbreitet hatte, er wolle nach Tölz hinübergehen, zum Leonhardiritt (der 6. November ist der Tag des Viehpatrons Leonhard, der im bayerischen Oberland vielerorts mit großem Gepränge begangen wird).

»Beim Zotzn« heißt: beim Wackersberger Anton, der zwar schon 82 ist, aber so rüstig, wie man sich das nur wünschen kann. Sein Vater Josef hatte ebenfalls ein langes Leben, und dem widerfuhr anno 1877 – er war damals acht Jahre alt und wohnte in Tegernsee – eine kuriose und gruslige Geschichte, die er später getreulich aufschrieb. Diesen Notizen zufolge trieb er sich mit dem Postner Seppl, seinem Spezl, in der Nähe des Krankenhauses herum, vorzüglich beim Leichenkammerl. Da fragte sie der Petzenbacher Kaspar, der Totengräber, ob sie vielleicht den Jennerwein sehen wollten, und als die Buben das bejahten, ließ er sie in den Raum, wo Jennerwein auf einem Tisch lag. »Er hatte ein weißes Hemd an, das auf der Brust vom Pulver geschwärzt war, durch den Gnadenschuss ins Unterkinn. Entstellt war das Gesicht nicht außer der Verletzung am Kinn.«

»Gnadenschuss«, schrieb Josef Wackersberger, und bei diesem Wort muss man kurz berichten, wie es mit dem Jäger Pföderl weiter- und ausging. Obwohl sein Vorgesetzter, der Förster Mayr, die Angelegenheit vertuschen oder sogar dem Lechenauer in die Schuhe schieben wollte, kam sie ans Licht der Sonne und man zog den Pföderl gefänglich ein. Im Prozess lief es dann freilich ausgesprochen gut für ihn, indem das Schwurgericht keine Tötungsabsicht erkennen mochte und Pföderls »gänzlich ungetrübten Leumund« als mildernden Umstand wertete. Er wurde zu acht Monaten Gefängnis verurteilt. Glück hatte er dennoch keines mehr im Leben. Er wurde allenthalben geschnitten und verfiel dem Alkohol. Am 12. Juni 1889 starb er im Tegernseer Krankenhaus, mit 41 Jahren und angeblich bei Blitz und Donner; eine Legende will wissen, dass ihn der Teufel, den er im Säuferwahn gelegentlich zu sehen pflegte, auf der Bodenschneid geholt habe. Wo sein Grab ist, weiß keiner zu sagen.

Anders Jennerweins Grab: Es findet sich auf dem Schlierseer Friedhof, wobei das mit dem Finden so eine Sache ist. Jennerwein ist im Ortsteil Westenhofen begraben, bei der Kirche St. Martin, und so kann es vorkommen, dass Fans den zentraler gelegenen Friedhof bei St. Sixtus durchkämmen, vergebens zwar, aber zur stillen Freude jener Einheimischen, die mit dem Jennerwein-Mythos weniger einverstanden sind. Davon gibt es in der Tat etliche, und es bedurfte in den sechziger Jahren deutlicher Worte, ehe die Gemeinde sich bereit fand, das Grab des Wilderers »aufzustiften«, also in die öffentliche Obhut zu nehmen.

Die Pflege des Grabes aber liegt in den Händen von Alfons Herein. Zäh auch er, kürzlich hat er seinen achtzigsten Geburtstag gefeiert, und seine Wohnung im nahen Hausham steht voller Geschenke – als ob sie nicht schon voll genug wäre mit Urkunden, Büchern, Zinntellern, Krügen, Auszeichnungen und einem ausgestopften Eichelhäher, der seitlich vom Kruzifix im Flug erstarrt ist. Herein versorgt das Grab seit vierzig Jahren, das ist ihm gewissermaßen zugefallen über den Trachtenverein »Schlierachtaler«, und er tut das mit einer Art kritischer Liebe. Die Kritik gilt der haltlosen Mystifizierung Jennerweins, das mag Herein nicht, dafür hat er im Krieg zu viele Kameraden sterben sehen, denen kein Lied gesungen und kein Kranz geflochten wurde. Und die Liebe? Nun, Herein hat Respekt vor einem, der zwar »a frecha Hund« war, aber in seinem Fach ein Könner: Wenn der Jennerwein wilderte, dann durchaus waidgerecht, und die Jäger hätten ihn nur allzu gern in ihren Reihen gehabt, wären da nicht sein Freiheitssinn und seine »fotzerte Art« dagegengestanden.

Wo ein Grab ist, sind in aller Regel auch die so genannten sterblichen Überreste nicht weit. Im Fall Jennerwein hat es damit eine eigene, geisterhafte und letztlich bei aller Komik etwas traurige Bewandtnis. Das Grab war früher an einer anderen Stelle und wurde im Zuge der Friedhofserweiterung verlegt. Alfons Herein zeigt die alte Stelle und berichtet, dass man eine Exhumierung des zweifelhaften Helden damals für hinausgeschmissenes Geld gehalten und deswegen nur das Grabkreuz versetzt habe. Jahre später wurde ein anderer Wilderer derart angeschossen, dass ihm ein Bein amputiert werden musste. Angeblich ruht dieses Bein, ein Wildererbein immerhin, im Grab, während Jennerwein ganz woanders »auf den jüngsten Tag« wartet, an dem er uns, wie es im Lied heißt, den Jäger zeigen wird, »der ihn von hint' erschossen hat«.

Unweit von St. Martin liegt, auf einer Anhöhe, der Hof Unterschwaig, wo man Urlaub auf dem Bauernhof machen kann. Wenn man Glück hat, kommt man in ein Zimmer zu liegen, wo einst der Jennerwein gehaust haben könnte. Auf diesem Hof wohnte er jedenfalls, und nicht einmal die Reminiszenz daran ist frei von Schrecknis. Die alte Bäuerin war im Besitz von drei braun getönten Fotos, die der Jennerwein einst in Miesbach hatte anfertigen lassen. Alfons Herein lieh sie sich 1957 zu Reproduktionszwecken aus und gab sie alsbald wieder zurück. Kurz darauf brannte es auf dem Hof, und die Bäuerin, die wohl über einer Kerze eingeschlafen war, kam zusammen mit den Bildern und all ihren sonstigen Sachen in den Flammen um.

Der Peißenberg, auf dem der Jennerwein zu Tode kam, wird trotz seiner Berühmtheit auf den meisten Karten nicht verzeichnet; im Umkreis von Tegernsee und Schliersee ist er als Name für die nördlichen Ausläufer der Bodenschneid indessen jedermann geläufig. Mit dem Hohen Peißenberg hat er also gar nichts zu tun, obwohl das manche ganz gern sähen. Als der Schlierseer Bürgermeister Toni Scherer einmal am Hohen Peißenberg bei einer Hochzeit war, wurde er unumwunden gefragt, ob er das Jennerwein-Grab nicht herausrücken wolle.

»Da, schaun S'«, sagt die Wirtin der »Bierinsel«, eines Wirtshauses auf der Insel Wörth im Schliersee. Sie deutet auf ein Bergmassiv im Süden: Das sei der Peißenberg, dahinter die Brecherspitz. Sakradi, denkt man sich, was für ein schicksalsträchtiges Ensemble, was für eine grandios angelegte Freilichtbühne für Dramen aus Jägerhass und Wilderertrotz. Ein Blick später in die Panoramakarte belehrt, dass es sich bei Frau Wirtins Peißenberg wohl eher um die Dürnbachwand handelt. Der Jennerwein Girgl wird jedoch sicher auch hier gewildert haben.

Sogar der Kaktus ist Lord extra

Ein Ausflug zum Märchenschloss Neuschwanstein

Einmal wurde dem Hofdekorationsmaler August Spieß, von dem wesentliche Partien des Parzival-Zyklus im Sängersaal stammen, eine besondere Gnade zuteil. Er durfte mit seinem Dienstherrn, Bayerns »Märchenkönig« alias »Kini« Ludwig II., nachts auf die hoch über die Pöllatschlucht hinwegführende Marienbrücke steigen und das hell illuminierte Schloss Neuschwanstein betrachten. Folgender spontaner Ausruf Spießens ist überliefert: »Und jetzt in diesen Fluss sich werfen, mit diesem letzten Bild aus einer irdischen Welt hinausschwimmen in die deutschen Gaue und dann aller Welt draußen verkünden den Ruhm eines großen Zauberers, den unsterblichen Ruhm Eurer Majestät!« So der Maler. Ludwig aber schwieg und nickte. Dergleichen gefiel ihm.

Wie hätte ihm Josef Enzensberger gefallen, von dem man sich keinen Augenblick vorstellen kann, dass er derart exaltiert daherredet oder sich gar in die Pöllat stürzt? Enzensberger sagt zum Beispiel Sätze wie diesen: »Herrschaft, wie oft schalt'n der Seckl no aus!« Er meint damit den Mann vom TÜV, der eben die elektrischen Anlagen im Schloss überprüft und es überaus genau nimmt. Die Frage, ob das dem König gefallen hätte, ist müßig, weil der mit Enzensberger nicht so durchs Schloss gestreift wäre, wie wir das eben tun. An der Stromprüfung hätte ihn nur eines interessiert, nämlich ob sie ein gutes Ergebnis zeitigt – besseres Licht, schönere Effekte.

Bei einem unbefriedigenden Ergebnis freilich hätten der Mann vom TÜV und Enzensberger ihre besten Tage eingebracht gehabt. Das heißt: Dem königlichen Zorn greifbar wäre ja nur Josef Enzensberger gewesen. Er ist Kastellan; damals wäre er vielleicht Kammerdiener oder Vorreiter gewesen. Die mussten, wenn sie in Ungnade waren, auf dem Bauch kriechen oder eine Maske tragen. Einem Chevauleger versetzte Ludwig einst einen solchen Schlag ins Gesicht, dass dieser hernach im Kollegenkreis sagte: »Einem anderen hätte ich die Gedärme herausgelassen.« Der Mann war Metzger von Beruf. Für den König haben sich diese Unbeherrschtheiten übrigens in keiner Weise ausgezahlt; sie wurden, konträr, in Doktor Guddens Gutachten als klare Hinweise auf Ludwigs Paranoia aufgeführt.

Ja, Seine Majestät waren dazumal laut ärztlichem Attest schon sehr reduziert und reichlich seltsam: Allerhöchstdieselben tranken mit den Bediensteten Sorbett bis in den frühen Morgen, spielten »Schneider, leih' mir die Schere« mit ihnen. Der Königsschritt à la Ludwig XIV. hatte sich zur Attitüde verfestigt, Ludwig warf seine Beine, »als ob er sie von sich schleudern wollte, und trat dann mit dem Vorderfuß auf, als wolle er mit jedem Tritt einen Skorpion zermalmen« (Gottfried von Böhm). Schließlich das Ende im See, bitter und ungeklärt, ein Schmerz bis heute für echte Bayernseelen. Doch er ging nicht ohne Nachlass, es blieben seine Schlösser, insbesondere das »Märchenschloss« Neuschwanstein, in dem die Getreuen und mit ihnen die weite Welt sein Wesen verewigt wähnen.

Denn die allgemeine Sehnsucht nach dem Geheimnisvollen kreist fast ausschließlich um sein Schloss Neuschwanstein. Zuckerbäckerburg für die einen, genialisch umgesetzter Traum für die anderen, hat es mit den übrigen Weltwundern dies gemeinsam, dass im Grunde kein Mensch mehr davon hören will (und dann doch ganz gehörig die Ohren spitzt). Das wiederum treibt die Berichterstatter scharenweise ins Ostallgäu, gerade so, als gelte es einen letzten Gang zu tun: Beschreibung des Unbeschreiblichen und Scheitern daran – Letzteres freilich, bei so einem Gegenstand, ehrenvoll.

Wohlan denn: Der hervorbrechende Tag beleuchtet mit wachsendem Glanze eine Burg mit blinkenden Zinnen, die auf einem Felsgipfel im Hintergrund steht. Wer ist das, wer redet uns da dazwischen? Es ist Richard Wagner, der mit diesen Worten den für ihn, den »göttlichen Freund«, gebauten Traum (er war aber dann nie drin) vorwegnimmt, im Regiebuch zum »Rheingold«. Den Wotan lässt er's stabreimselig aussingen: »Prächtig prahlt / Der prangende Bau!« Und weiter: »Hehrer, herrlicher Bau!« Bei unserem Besuch bricht der Tag mit Regen hervor,

Kastellan Enzensberger gibt im Hof der Vermutung Raum, dass der Film, an dem ein norwegisches Team bereits arbeitet, hier wohl nie zu sehen sein werde. »Wo ich gerne wäre« soll er heißen, so ähnlich jedenfalls. »Furchtbar, was alles los ist«, sagt Enzensberger.

Was wir nur zu gerne sehen würden, das wären die Dinge hinter den Dingen, Geheimgänge vielleicht oder sinnreiche Apparaturen, geschaffen um der wirklichkeitsnahen Inszenierung willen, deren die königliche Fiktion in höchstem Maße bedürftig war. Hat man nicht gelesen, dass sich Ludwig in alles und jedes einmischte und dass er, was das Verständnis für technische Finessen anging, seiner Zeit so weit voraus war, wie er anderen Zeiten hinterherträumte? Als Bauherr war er, weil er relativ klare Vorstellungen hatte, nicht einfach. Zum Beispiel ließ er August von Heckel ausrichten, wie die Kopfstellung Lohengrins zu sein habe. Überhaupt war er aufs Pingeligste hinter den Malern her, dergestalt, dass der Professor Wilhelm Hauschild vor lauter Arbeit an einer Muttergottes und einem St. Georg eines Tages ohnmächtig vom Gerüst stürzte und dessen Kollege Josef Aigner letztlich dem Wahnsinn anheimfiel.

In Neuschwanstein verhält es sich so, dass hinter den Dingen nichts ist. Will sagen: Natürlich hat die prächtige Schauseite eine Rückseite, aber von Geheimem, Verbotenem oder Verwunschenem keine Spur, weder Folterkammer noch Blaubarts verschlossenes Zimmer. Ohne dem Sekretariat der Schlossverwaltung die Würde des Repräsentativen überstülpen zu wollen, kann doch gesagt werden, dass die dort waltende Alltäglichkeit nicht untypisch ist für die stille Welt hinter den Wandgemälden, Marmorpaneelen und Prachttüren. Auf einem Fensterbrett ein rotes Plastiksparschwein, auf dem anderen ein paar mickrige Topfpflanzen, dazu ein Winzling von Kaktus in einem Lord-extra-Aschenbecher. Josef Enzensberger prüft den Anrufbeantworter. »Sechs Anruf' heut Nacht scho wieder«, murmelt er halb missmutig und halb anerkennend. Im Einlauf liegt obenauf der Antrag eines Menschen, der (wenn wir das in der Eile richtig herauskiebitzt haben) am Parkplatz unter der Burg eine Ludwig-II.-Hammerprägung einrichten will.

Friedrich Lampert, der Verfasser eines königlichen Lebensbildes, hatte zwar noch mit eigenen Augen Ludwigs letzte Zigarre auf einem Leuchter am Speisetisch liegen sehen, war aber dadurch in seiner Zukunftsperspektive nicht sicherer geworden. Die Schlösser würden des Königs Andenken erhalten, meinte er, selbst wenn »der Zudrang zu ihnen ein geringerer werden wird«. Ein geringerer! Es ist halb neun, an der Kasse beginnt sich die Schlange aufzufädeln – ein kleiner Teil jener 1,4 Millionen Besucher, die Jahr für Jahr durchs Schloss gepresst werden. Wie durch einen Darm. Es sind, für die frühe Stunde nicht verwunderlich, lauter Japaner, deren Reiseprogramm anerkannt dicht ist. »Die wern ja«, meint Enzensberger, »g'jagt wia die Hasn.« Er zeigt die CD-Anlage für die exotischeren Sprachen her; das Programm 5 bringt den japanischen Führungstext.

Jeden Tag um acht Uhr kommen zehn Leute, um bis neun Uhr sauber zu machen und dann Besucher durchs Schloss zu führen. Heute wird unter erschwerten Bedingungen geputzt, weil, wie erwähnt, der »Seckl« vom TÜV immer wieder die Sicherungen ausknipst. Vorhalle zur Königswohnung. Mitten im Kreuzrippengewölbe steht ein Gerät namens »Wap Turbo XL«. Bis die Japaner kommen, wird es weg sein, verschwunden in einer der zahllosen Kammern, wo es, ein Lindwurm unserer Tage, die Utensilien bewacht: Glühbirnen, Putzlumpen, Staubsaugerbeutel, Scheuermittel. In Neuschwanstein angestellte Staubsauger sollten, denkt man, nicht »Wap Turbo XL« heißen, sondern »Fafnir«, passend zu Professor Hauschilds heroischem Sigurd-Zyklus. In der vormaligen Silberkammer lagern Ersatzteppiche. »Das Silber, das ham die Wittelsbacher«, sinniert Enzensberger.

Von der Loggia des Thronsaales »führt ein Blick hinaus auf einen Landschaftszauber, der die Thräne in das Auge jubelt«. Das schreibt Arthur Mennell in seinen Königsfantasien; ein Gemälde Ferdinand Leekes zeigt den König bei diesem Blick, tränenlos zwar, dafür aber in einem Pelzmantel, wie ihn heute nur noch ein Rudolph Moshammer mit Würde zu tragen wüsste. Hinter der goldglänzenden Apsis des thronlosen Thronsaales wiederum zwei Rumpelkammern. In der rechten findet sich bizarrerweise ein Schraubstock, in der linken steht eine

Schneeschaufel (für die Loggia im Winter) und eine Pritsche für den Fall, dass jemand beim Anblick der heiligmäßigen Könige und Apostel so knieweich wird wie weiland ihr Schöpfer, der Maler Hauschild. Dank Enzensbergers Freundlichkeit kommen wir auch in den Dachboden darüber, wo man mit einer Winde den Kronleuchter hochziehen und herablassen kann. Der Dachstuhl ist von schwindelerregender Höhe. Den einmal ganz mit frisch gewaschenen Königshemden aushängen dürfen, das wär's.

Wir sind fast am Ende mit unserer Erforschung der Rückseite. Kastellan Enzensberger sperrt immer wieder neue Türen auf, gerade so, als wäre es ihm peinlich, dass er nichts Geheimnisträchtiges vorweisen kann, sondern nur biedere Hinterzimmer, zum Teil noch im Rohbau. Was dort nicht alles lagert: die Stuhlreihen zum Beispiel und die Podeste für die Schlosskonzerte, die dann jeweils in den Sängersaal hinaufgeschleppt werden müssen. Im hölzernen Treppenhaus riecht es wie in altgedienten Internaten, nach Terpentin und Leinöl. Schilder tauchen aus dem Halbdunkel auf: »Solisten Herren« oder »Rauchen nur im Raucherzimmer gestattet«. Im Keller Seile noch aus der Bauzeit, auf Spindeln gewickelt. Die Heizungsanlage hochmodern. Unweit davon ein Notstromaggregat, damit bei Stromausfall im Ausgangstunnel keine Panik aufkommt. Über eine Wendeltreppe und ein Dach gelangen wir in die kleine Wohnung über dem Torbau, von der aus Ludwig den Baufortschritt beobachtete. 170

Tage insgesamt verbrachte er in dem Schloss, das nach seiner Vorstellung »heilig und unnahbar« hätte werden sollen.

In der Hinterwelt wurde einmal ein Film gedreht, mit Richard Burton als Richard Wagner. Dafür bemalte man ein paar Wände mit nordischen Sagenmotiven, die Arbeiten sind teils ausgeführt, teils skizziert. »Die Bilder hat der Ludwig nie gsehn«, sagt Josef Enzensberger und das klingt wie: Gott sei Dank, hat eh genug mitmachen müssen in seinem kurzen, großartig verfehlten Leben.

Dreimal falsch und doch glaubt's jeder

Ein Streiflicht zu Bayerns »fünfter Jahreszeit«

Gegendarstellung I. Die Bayern hätten, so hört man, eine »fünfte Jahreszeit«, die ungefähr vom Sonntag Reminiscere bis auf Josefi dauert und in der sie sich fester Speisen enthalten, so dass sie lauter dickes schwarzbraunes Bier zu sich nehmen müssen. Das ist falsch. Richtig ist, dass die so genannte »fünfte Jahreszeit« eine Erfindung der hiesigen Brauereien ist, erdacht zu dem Zwecke, ein Bier loszuschlagen, das zu normalen Zeiten kein Mensch söffe. Dieses Bier ist derart süß und pappig, dass es, weil es in wärmerem Zustand völlig ungenießbar wäre, eiskalt und aberwitzig schnell weggetrunken werden muss; da es sich im Magen erwärmt, muss immerfort neues, gekühltes nachgeschüttet werden. Entgegen der oben angedeuteten Theorie enthält man sich der festen Speisen nicht; man isst, im Gegenteil, eher eine Schweinshaxe zu viel als eine zu wenig. Hätte es die Natur nicht so eingerichtet, dass die Mägen das meiste wieder von sich geben, wer weiß, wie die »fünfte Jahreszeit« ausginge.

Gegendarstellung II. Der Starkbieranstich und das damit verbundene »Derblecken« der Politiker sei, so liest man, eine Traditionsveranstaltung und grundbayerische Institution. Auch das ist falsch. Richtig ist, dass dieses Ereignis der PR-Gag einer einzelnen hiesigen Brauerei ist, gewissermaßen ein von Profis inszeniertes und größtenteils mit Laienkräften gespieltes Großinserat (zu Bier und festen Speisen siehe Gegendarstellung I). Ein Brauch ist es insofern nicht, als das Volk als ganzes davon ausgeschlossen ist. Wenn die Soziologie als Kriterium für Brauchtum »Regelmäßigkeiten im sozialen Handeln« fordert, dann können mit den sozial Handelnden doch wohl nicht die paar Gschwollenen auf dem Nockherberg gemeint sein, die überdies nicht sozial handeln, sondern auf eine nicht näher zu charakterisierende Weise etwas über sich ergehen lassen. Allenfalls kann die Show als schwer heruntergekommener Heischebrauch durchgehen.

Gegendarstellung III. Die Bayern, so wird kolportiert, machten in besagter Jahreszeit und bei den erwähnten Anlässen nichts lieber, als die Obrigkeit so herzuwatschen, dass ihr Hören und Sehen vergeht. Wieder falsch. Richtig ist, dass die dortorts zugelassenen Untertanen so fühlen, wie es die Zeitschrift *Das Inland* schon im Januar 1829 beschrieb: »Eine freudige Empfindung durchwehet die Menge, gewahrt sie den Fürsten oder Einen der Seinigen.« Die Leute gehören entweder der Kunst an oder der Wirtschaft, und sobald die einen so tun, als watschten sie die Herrschenden, lachen die anderen herzlich darüber, nicht ohne sich vorher durch einen Seitenblick dessen versichert zu haben, dass auch die Herrschenden die Watschen zu goutieren wissen. Die Watschen sind nämlich, entre nous, gar keine Watschen, sondern so etwas Ähnliches, was die Schwinger beim chinesischen Schattenboxen sind: irgendwie wattig und ins Leere gerichtet.

Der böse Fleck auf der Lederhose

Vom schweren Stand bayerischer Trachtenvereine

In einer Münchner Boulevardzeitung, zu deren Leserservice eine Art Kummerkasten gehört, sah man vor einiger Zeit die beleidigte Schlagzeile: »Bin ich eine Trachtenmumie?« Die Zuschrift berichtete von dem betrüblichen Fall, dass ein Trachtler in aller Öffentlichkeit angepöbelt worden war, und zwar eben wegen seiner Kleidung. Der von der Zeitung zu Rate gezogene Fachmann, ein Funktionär der Bayerischen Trachtenjugend, sann auf Abhilfe: »Wer so was macht, dem g'hört eine hinter die Löffel.«

Klänge es in Verbindung mit dem Phänomen »Trachtler« nicht hochgestochen, so möchte man die Begebenheit symptomatisch nennen. Der Trachtenverein als Ganzes wird nämlich, besonders wenn er sich bei Umzügen und ähnlichen Anlässen in seiner Pracht produziert, von der zivil gekleideten Menge durchaus geschätzt. Der einzelne Trachtenträger hingegen, vom Pulk seiner Gesinnungsgenossen getrennt, begegnet da und dort scheelen bis belustigten Blicken, und es mag schon mal unterlaufen, dass sich die Jugend durch seine Erscheinung zu einem unbedachten, deftigen Scherz veranlasst fühlt. Die Reaktion der Trachtler – als Personen, Vereinsmitglieder oder Funktionäre –

wiederum ist in aller Regel polternd, was zwar im Augenblick gut wirkt, aber hinsichtlich des Selbstvertrauens denn doch zu denken gibt.

Ein weit verbreitetes Pauschalurteil über Bayerns Trachtler lässt sich mit einigen Reizwörtern abstecken: Gaudiburschen, Juhu und Jodeln, krachledern und königstreu, Holzhacker und Watschntanz. Paul Ernst Rattelmüller, ehemaliger Heimatpfleger des Bezirks Oberbayern, hatte jahrzehntelang ein waches, oft sorgenvolles Auge auf Gamsbart- und Haferlschuhträger; er glaubt, eine entscheidende Verbesserung des Niveaus registrieren zu können. Das erinnert an einen steinalten Streit zwischen den Miesbacher und den Oberstdorfer Trachtlern. Miesbach hatte seinerzeit den Vorwurf erhoben, die Oberstdorfer hätten sich beim »Goaßbuam-Tanz« entschieden schlimm aufgeführt, und vornehmlich das zum Gaudium des Publikums inszenierte Nasenbohren habe mit Brauchtum nichts zu schaffen. Die Antwort war deutlich und grob: Der Miesbacher Vorstand sei ein verkalkter Trachtler, dem die Oberstdorfer halt einfach verhasst seien.

Das Image der Trachtenvereine, beschränkt man ihr Wirken einmal auf Traditionspflege und Brauchtumsschutz, scheint sauber, wenngleich eher patiniert als strahlend zu sein. Allerdings wird es von einem bösen Fleck verschandelt, und bis jetzt half kein Putzmittel dagegen: Der Fleck kommt vom berühmt-berüchtigten »original bayerischen Heimatabend«. Veranstaltungen, die unter dieser Rubrik laufen, stehen in dem Ruf, der Ehre Bayerns empfindlich zu schaden. Das Urteil von Leuten, die ihr Brauchtum mehr im Herzen als auf der Zunge tragen, ist längst gefällt: Hier macht sich der Bayer, von Minderwertigkeitsgefühlen, Geschäftsgeist und masochistischen Anwandlungen gleichermaßen getrieben, selbst zum Hanswurst – und der Preuße lacht sich halbtot, während er dem Seppl anerkennend auf die Schulter klopft.

Bayerisch Gmain behauptet, seiner geringen Größe ungeachtet, unter den Trachtenhochburgen des Berchtesgadener Landes sehr wohl seinen Rang. Man hat ein »Haus des Gastes« und man hat eine feste Serie von Heimatabenden, die der Durchschnitt der Sommerfrischler als angenehme Pflicht betrachtet. Der Saal ist ausverkauft. Die trüben Ahnungen drohen sich zu erfüllen, als »Die lustigen Pettinger« das oberbayerische Spektakel mit eindeutigem Oberkrainer-Sound einblasen. Doch kommt es dann bei weitem nicht so wild: Der Gebirgstrachtenerhaltungsverein (GTEV) »D'Lattenberger« hat sich Selbstzucht auferlegt. Er will von der gängigen Tourismus-Blödelei nichts mehr wissen – mit der Folge freilich, dass die Lustbarkeit recht bieder und langweilig ausfällt, während sich doch der Fremde eine erheiternde Lektion in Alpen-Kretinismus hatte ausrechnen dürfen.

Einziges Zugeständnis an die Publikumserwartung ist der Holzhackertanz, ein Stück falscher Romantik, so verlogen, dass die Späne fliegen. Ansonsten: Plattler ohne Zahl, Schautänze wie das bewährte »Mühlradl« und der

Laubentanz, Solides von der vereinseigenen Stubnmusi, dazu zwei Sängerinnen und ein Kind, das ein stark heimatverbundenes Gedicht aufsagt. Man kann wetten, dass die vorwiegend norddeutschen Gäste von den Liedern nur so viel mitkriegten, dass ein echtes und rechtes Gebirgskind, allen Scherereien mit ihrem Buam zum Trotz, den Almfrieden im Herzen drin trägt. Von Begeisterung konnte bei den Zuhörern keine Rede sein, höchstens, dass den älteren Damen beim Anblick des allerdings putzigen Trachtlernachwuchses kleine Glücksseufzer aufstießen, schwache Pendants zu den grellen Juchzern, mit denen die erwachsenen Tänzer, Gockeln gleich, dann und wann ihre Urwüchsigkeit und offenbar unbezähmbare Freude dokumentierten.

Das Trachtenwesen ist älter als die in Daten fassbare rund hundertjährige Tradition. Lange vorher schon galt es bei Hofe als ausgesprochen modisch, sein Faschingsvergnügen in nachgestellten Bauernhochzeiten zu suchen; ein vergilbtes Kartenspiel, das churbayerische Kavaliere als Trachtler zeigt, überliefert den Spruch: »Bauren bildt euch etwas ein / alles will iezt baurisch sein.« Die Wittelsbacher schließlich, Bayerns angestammtes Herrscherhaus, schätzten die Tracht hoch ein, zum einen wohl als Zeichen ihrer Volksverbundenheit, zum anderen aber sicher auch als kommode Toilette.

Die organisierte Trachtenbewegung ging von Bayrischzell aus, wo der Dorfschulmeister Joseph Vogl 1883 zusammen mit einigen Oberlandlern den ersten Trachtenverein gründete. Die Wackeren spürten mit der einsetzenden Industrialisierung guten Geschmack und überkommene Sitten schwinden, weswegen sie mit dem Tragen der Tracht höhere Ziele verbanden: Sie wollten nichts weniger als dem Zeitgeist Schranken setzen. Mochte diesen die Gründung auch wenig anfechten, der Trachtengedanke ging wie ein Feuer übers Land und alsbald bemächtigte sich deutscher Vereinsgeist der noch jungen Sache. 1909 etablierte sich der »Landesverband Bayerischer Heimat- und Volkstrachtenvereine«, sechzehn Jahre später wurden die »Vereinigten Trachtenverbände des bayerischen Oberlandes« ausgerufen; auf der mittleren Ebene konstituierten sich die Trachtengaue. Publikationsorgan der »Vereinigten« wurde der *Oberländer-Heimat-Bote* (heute *Heimat- und Trachtenbote*), auf dessen Titel der Schmied von Kochel das Rautenbanner schwingt, während er mit dem Morgenstern, den die Rechte führt, zu einem gewaltigen Rückhandschlag ausholt.

An dem Kuriosum, dass einige hundert Vereine, welche alles in allem die gleichen Ziele verfolgen, zwei konkurrierende Dachverbände haben, litten die Trachtler jahrzehntelang. Es fehlte nicht an Versuchen, Landesverband und Vereinigte zu verheiraten, doch konnte sich lange, da es offenkundig an der wahren Liebe fehlte, die Vernunft nicht durchsetzen. Wer immer die versöhnende Hand ausstreckte, musste beschämt und verbittert erfahren, dass sie entweder achtlos übersehen oder schnöde zurückgewiesen, im besten Fall zaghaft und unverbindlich geschüttelt wurde. Nicht einmal die Gleichschaltung während des Dritten Reiches war imstande, das »Fremdeln« abzubauen. Als nach dem Krieg, so die Chronik treffend, neues Leben aus den Ruinen wuchs und die »lang entbehrte, freiheitliche Lebensfreude unseres altbayerischen Schlages« zum Wiederbeginn herausforderte, blieben die Dachverbände abermals auf Distanz. Erst im Jahr 2002 wurden sie endlich zum »Bayerischen Trachtenverband« verschmolzen.

Solche Querelen hindern Rattelmüller nicht, die Trachtler zu schätzen – mit Einschränkungen allerdings des Sinnes, dass sich eines nicht für alle schicke. Er meint damit den Seitenzweig der Schützenkompanien und gesteht, dass er sich (wiewohl aus durchaus militärfrommer Familie stammend) an den Kopf greift, wenn sich neue Kompanien bilden, sich teuer ausrüsten und marschieren und das auch noch für eine vaterländische Tat halten; noch weniger hält er von hohen Beamten, wenn sie »mit gezücktem Säbel wie a gschpiebns Apfemuas in der ersten Reih mitmarschiern«. Den Trachtenvereinen hingegen gesteht er eine wichtige gesellschaftsfördernde Funktion zu; hierein also seien sie vergleichbar mit den Feuerwehren und Sportvereinen.

Wenn die Trachtensache trotzdem hier und da belächelt wird, so liegt das daran, dass manche Obertrachtler bei der Proklamation ihrer Anliegen allzu gerne über die Grenze vom

Ernst zur Sektiererei stolpern. Sie versteifen sich auf militärähnliche Haarerlasse, die auf Außenstehende und einen Teil der Vereinsjugend grotesk wirken; man zerbricht sich den Kopf darüber, ob eine Trachtlerin im Minirock denn nun ein heimatbetonter Anblick sei oder nicht. Da verlässt einer die Festhalle, weil er beim schwungvollen Dreher eines Mädchens unter dem Rock einen Slip an Stelle der vorgeschriebenen Leinenpumphosen entdeckt. Wegen der Unvereinbarkeit schließlich von Trachtenmieder und Plastikblumen geht ein Zetern durch die Gaue, als stünden Brauchtum und Heimat nachgerade vor dem Ruin. Andererseits wundert man sich dann, wenn vergleichsweise vernünftige Forderungen zu wenig Resonanz finden, so etwa vor Jahren die Devise »Zur sauberen Tracht gehört die saubere Landschaft«, die gar nicht so komisch ist, wie sie sich anhört: Kein Kegelhut, das will sie ausdrücken, soll so viel gelten, dass darüber beziehungsweise darunter die elementaren Probleme des Umweltschutzes, der Erhaltung von Dorf und Land vergessen werden.

Die Muttergottes am anderen Ende der Leitung

Betrachtungen zum Wallfahrtsort Altötting

Als der *Altöttinger Liebfrauenbote* vor einigen Jahren den hundertsten Geburtstag feierte, erfreute er seine Leser (»das katholische Volk«, wie sie im Untertitel des Blattes genannt werden) mit allerlei Anekdoten aus seiner Geschichte. Eine dieser Geschichten handelte von dem Fräulein Maria Kammermeier, das beim Boten angestellt war und durch Verheiratung eines Tages zu dem Nachnamen »Selbst« kam. Das führte in der Folge zu seltsamen Telefonaten und fast transzendentalen Verwirrungen. Beispiel: »Ist dort der *Liebfrauenbote*?« – »Ja, hier ist der *Liebfrauenbote.*« – »Und mit wem spreche ich?« – »Mit wem? Mit Maria Selbst.« Der Anrufer oder die Anruferin wird, wenn er oder sie von hinreichend naiver Frömmigkeit war, es der Muttergottes hoch angerechnet haben, dass sie sich für den Telefondienst bei einem Wochenblatt nicht zu schade ist.

Altötting und Maria, das ist eine Verbindung, die heute für so selbstverständlich angesehen wird, als hätte sie ewig schon bestanden. Tatsächlich ist sie vergleichsweise jung, nämlich gut fünfhundert Jahre. Was sich in ganz früher Zeit hier begab, wissen wir nicht. Bald jedoch lichtet sich das Dunkel, denn da wird Altötting »aktenkundig«: actum autingas uilla publici (ausgefertigt auf dem Amtshof zu Ötting), heißt es in einer Schenkungsurkunde an das Kloster Mondsee, datiert auf den 10. Juli 748. Seither ist Altötting in der beschreib- und somit vorzeigbaren Welt, und dass es im Laufe seiner Geschichte nie mehr in wirkliche Bedeutungslosigkeit zurücksank, wird von seinen Historiografen oft und oft und nie ohne innere Befriedigung notiert. Leute, da ruht ein Segen drauf, soll das wohl heißen, und ihr werdet sehen, dass es noch besser kommt.

Dieses Bessere ereignete sich 1489. Damals ist ein dreijähriges Büblein in den Mörnbach gefallen, »eine halbe stund darin gerunnen« und »endlich gantz tod herauß gezogen worden«. Die Mutter in ihrer Not trägt das Kind zu Maria in der nahen Kapelle, und siehe, es erwacht wieder zum Leben. Bald danach kommt es zu einem zweiten Wunder, indem ein anderer Bub unter einen Wagen gerät, zerdrückt wird und auf Fürsprache Mariens ebenfalls ins Leben zurückkehrt. Dass die beiden Mirakel in ihrer Grundstruktur sehr ähnlich waren und heute, wie Skeptiker gern einwenden, vielleicht auch mit guten Erste-Hilfe-Kenntnissen zu bewerkstelligen wären, tat der alsbald aufwallenden religiösen Begeisterung nicht den geringsten Abbruch. Die Wallfahrt zu Unserer Lieben Frau von Altötting war geboren. Sie hat sich bis heute erhalten, und was sie im Laufe der fünf Jahrhunderte an spektakulären Wundern und frommem Taumel eingebüßt hat, das ist ihr, so jedenfalls deuten es die Fachleute, an geistiger wie geistlicher Seriosität zugewachsen.

Die Wunder sind in den Hintergrund getreten, was bei der generellen Wunderskepsis – auch der Katholischen Kirche – nicht erstaunt. Dass Maria deswegen untätig geworden sei, glaubt indessen niemand ernstlich. Beim »Marienwerk«, einer auf der Wallfahrt basierenden, um die Kirchenmusik überaus verdienten und ansonsten leicht verschrobenen geistlichen Behörde, registriert man nach wie vor penibel alles Mirakulöse, insbesondere die »Gebetserhörungen«. Diese haben den Vorteil, dass sie nicht bewiesen werden müssen, ihrer ganzen Natur nach auch nicht können, und in ihrer Fülle bilden sie im weiten Wald des Glaubens ein oft undurchsichtiges, aber dank des darin ausgedrückten subjektiven Gottvertrauens recht zuverlässiges Unterholz. Dass viele der Mühseligen und Beladenen, die hierher pilgern, nichtsdestoweniger insgeheim auf ein reales Wunder hoffen, darf angenommen werden.

Wie dem auch sei, auf eine fromme oder neugierige Besichtigung des Kapell-Umgangs wird auch heute keiner verzichten, der nach Altötting kommt. Hier hängen all die Votivtafeln, die von der himmlischen Gnade künden, oft mit der formelhaften Versicherung »Hat wunderbare Hilf erlangt«. Etwas vom Schönsten und manchmal auch Gruseligsten sind die spätgotischen Mirakeltafeln hoch oben im Umgang. Daraus tritt uns das Leben einer fernen

Zeit in aller Drastik entgegen, mit Unfällen, Gewalttaten, Krieg und Krankheiten. Dem Hans Felck von Augsburg zum Beispiel hatte man alle Glieder zerbrochen und ihn aufs Rad geflochten, woraufhin er sich nach Altötting »verlobte« und »nach solchem Gelübd gnädiglich erlöst und ledig« wurde. Das war im Jahr 1500. Von Felcks Vergehen ist nicht die Rede, doch man gönnt ihm die marianische Amnestie auch ohne dies.

Anerkanntermaßen ist der Altöttinger Kapellplatz einer der schönsten Plätze Deutschlands, ein Wunder an Weiträumigkeit, Geschlossenheit und Wohlgestalt. Gläubige mögen darin eine sinnreiche Entsprechung zur Weiträumigkeit dessen erkennen, was sich hier auf der höheren, der religiösen Ebene abspielt, und wenn sich nach Einbruch der Dunkelheit Tausende auf diesem Platz zur Lichterprozession zusammenfinden, so wird sich selbst der Zweifler oder Agnostiker solchen Bezügen nur schwer verschließen. Zentrum des Platzes ist die Kapelle, in deren Innerem, einem von Gold, Silber und Kerzenlicht nur so blitzenden Heiligtum, das alte rauchgeschwärzte Gnadenbild steht, die aus Lindenholz geschnitzte Muttergottes mit Kind. Daneben die Stiftspfarrkirche, an die sich etliche kleine Devotionalienläden schmiegen. Strenger Gesinnte sehen auf den »Tempelhandel« mit Verachtung, doch die Pilger sind mit ihrem Gewissen durchaus in Einklang, wenn sie sich hier noch mit einem geweihten Rosenkranz, einem Wachsstöckerl oder einem Salzstreuer in Form eines kleinen Kapuziners versehen. Die bayerisch-katholische Frömmigkeit ist bodennah und hat gern etwas in Händen, womit sich der Kontakt zum Numinosen schnell, unkompliziert und doch zuverlässig herstellen lässt.

Die Altöttinger selbst sind an den Umgang mit heiligen Sachen gewöhnt und darin naturgemäß etwas abgebrüht. Ihr Leben bewegt sich seit Menschengedenken zwischen sakralen und halbsakralen Sujets: Wallfahrt, Andenken, Wunder, Kirchenmusik, Prälaten, Kreuzigungs-Panorama, Tilly-Gruft, Kapuziner, Bruder Konrad, mechanische Krippe, »Tod von Eding«, Bruder Konrad, Schatzkammer – man findet kein Ende. Das alles ist gewissermaßen ihr Hausrat, und entsprechend leger gehen sie damit um. Da kann es durchaus passieren (und es ist justament so passiert), dass einer zu später Stunde im Wirtshaus einen Kernsatz aus der Liturgie von sich gibt: »Gezeugt, nicht geschaffen, eines Wesens mit dem Vater.« Das ist aus dem Credo, und in jedem anderen Ort hätte man sich gefragt, ob der Geist des Herrn oder der Wahnsinn über den Mann gekommen sei. In Altötting klärte sich das schnell. Der Wirtshausgast hatte zwei andere Gäste gesehen, Vater und Sohn, und er hielt beide für Widerlinge. Dass er es auf diese Weise umschrieb, ist für Altötting nicht ungewöhnlich, gibt den zwei Unsympathischen jedenfalls mehr Würde, als wenn er gesagt hätte: »Der Alte wie der Junge, jeder ein Riesenrindviech!«

Wobei es auch hier solche und solche gibt.

Die Stadt hat, fast möchte man wieder sagen: naturgemäß, einen relativ großen Bestand an Superfrommen, deren Aktivitäten in Gebetskreisen und ähnlich kryptischen Vereinigungen ganz erstaunlich sind. Zu ihnen wird man auch jene Frauen zählen müssen, die den vorderen Teil der Gnadenkapelle als ihr ersessenes Eigentum reklamieren und teuflisch bös werden, wenn sich ahnungslose Pilger aus Versehen in »ihre« Bänke setzen. Und noch etwas scheint naturgemäß zu sein: dass diese Sorte fundamentalistisch grundierter Frömmigkeit, die an ihren Rändern zu leichteren Formen der Verrücktheit ausfransen kann, gern über Altötting hinausgreift und auch in anderen Heiligtümern ziemlich sattelfest ist: Lourdes, Fatima, Loreto, Medjugorje, Heroldsbach und wie die mehr oder minder anerkannten Orte sonst heißen mögen.

Einmal hat einer von ihnen im Wirtshaus des Langen und Breiten über »das Reserl von Konnersreuth« doziert, die stigmatisierte Therese Neumann, und dabei aufs Penetranteste herausgestrichen, dass sie vierzig Jahre nichts gegessen habe. Etwas abseits saß ein alter Altöttinger, Fernfahrer von Beruf und dem Bier so zugeneigt wie der andere dem Unerklärlichen. Der also hörte sich das eine Weile an, und als der Ergriffene endlich eine Pause machte, warf er trocken dazwischen: »Die muass ja an Hunger beinandghabt habn, wias gstorbn is.« Der Fromme suchte erbost das Weite, dabei hatte der Fernfahrer die überirdischen Fähigkeiten des

Reserls gar nicht angezweifelt, sondern nur an die Folgen lang anhaltenden Nahrungsentzugs erinnert.

So fromm kann ein echter Altöttinger nie werden, dass er den Boden, und sei der gleich geheiligt, unter den Füßen verlöre.

Gräfin von Grant und Gloria

München – Deutschlands selbstzufriedene Metropole

Genau genommen dürfte es München überhaupt nicht geben. Der Grund dafür liegt fast 850 Jahre zurück, und die Sache lässt sich in Kürze so skizzieren: Wie männiglich bekannt, tat Herzog Heinrich der Löwe dem Freisinger Bischof Otto anno 1158 den Tort an, dass er ihm – weltlicher gegen geistlichen Raffzahn – Brücke und Markt »Verigen«, das heutige Oberföhring, zerstörte und die äußerst ergiebige Mautstelle ein Stück weiter isaraufwärts verlegte, nach »Munichen«. 1180 widerriefen die Reichsfürsten zwar die unseriöse Gründung, aber da hatte die normative Kraft des Faktischen, seinerzeit noch Gewohnheit genannt, schon das ihre getan. München blieb erhalten und trat seinen teils gloriosen, teils mühsamen Gang durch die Geschichte an.

Augenblicklich ist es etwas ruhiger geworden mit den eine Zeit lang umlaufenden Städte-Rankings, diesem offiziell nicht sonderlich angesehenen, insgeheim aber offenbar doch mit Genuss rezipierten wechselseitigen An- und Aufrechnen. Es ging, wenigstens als Berlin noch Insel war, meistens darum, ob Hamburg oder München die wahre »In«-Stadt sei, eine letztlich unlösbare Frage, weil zu viel persönliche und dementsprechend schwankende Erwägungen hineinspielen. Dass Berlin die größte deutsche Stadt und auch der Regierungssitz ist, wird mittlerweile akzeptiert. Danach kommt Hamburg, einwohnermäßig jedenfalls, und was die weitere Reihenfolge anlangt, stützen wir uns schon der Gaudi wegen auf den neuen Brockhaus, der sowohl München als auch Köln als die jeweils drittgrößte Stadt der Bundesrepublik führt. Im Rahmen und zur besseren Rechtfertigung dieser Betrachtung postulieren wir, dass München Deutschlands zweite Stadt ist – soll uns erst einer das Gegenteil beweisen!

Im Dezember 1995 brachte der *Focus* einen »Rathaus-Test«, der sich auf Steuern und Gebühren kaprizierte und dessen »Wucherliste« 84 Kommunen umfasste. Darunter nahm München einen miesen 66. Platz ein, weil hier zum Beispiel die Urnenbestattung 693 Euro kostet, wohingegen man in Gera bereits mit 170 Euro dabei ist. Andererseits: Wer wollte schon in … – nein, kein Wort gegen Gera. Tatsache ist jedoch, dass einen, wenn man als Münchner von der Ungeheuerlichkeit hiesiger Preise schwadroniert, die anderen deutschen Städter mit einem fast masochistischen Mitleid überziehen. Wie muss es, bedeutet das wohl, bei euch da unten überirdisch schön sein, dass ihr das ertragt, und offen gestanden hätten auch wir nicht übel Lust, uns dieser Folter zu unterwerfen.

In vielen Fällen bleibt es nicht bei dieser Absichtserklärung, und so ist denn der Altmünchner Topos, wonach es in München so gut wie keine echten Münchner gibt, keineswegs völlig unrealistisch. Diejenigen, die das gern und mit mürrischem Stolz alias »Grant« behaupten, sind bizarrerweise selbst nicht immer von hier, nehmen aber nach einer gewissen Zeit der Akklimatisierung das Recht für sich in Anspruch, pro domo beziehungsweise pro urbe zu reden und sich auf diese Weise in der Rolle des Einheimischen zu vervollkommnen. Das Münchner Bürgerrecht ist nichts sonderlich Exklusives mehr, die bayerische Metropole vergibt es mit erfreulicher Lockerheit.

In München redet man kaum noch bairisch, sondern eine sich täglich ändernde, mit Gegenwartsmaterial von unterschiedlichster Herkunft und Güte anreichernde Stadtmundart. Insofern ist der Dialekt längst kein taugliches Zugehörigkeitskriterium mehr, so dass man mit Ersatzmerkmalen arbeiten muss. So etwa kann man aus dem Umstand, dass sich jemand lang und breit über die rechte Art auslässt, Weißwürste zu essen, den Schluss ziehen, er sei noch nicht hinlänglich integriert. Der wirklich Einheimische zählt das zu Recht zur Folklore und hält es für ähnlich zweitrangig wie jene lustigen Preußenprüfungen, in denen das korrekte Aussprechen von »Loawedoag« oder »Vitrioi-Äi« gefordert wird, von Wörtern also, die auch der Bayer ausschließlich bei solchen Gelegenheiten benutzt. (Behutsame Überlegung: Ob in dem Zusammenhang wohl auch die Pfingstochsentracht der Bayern-Fußballer als Exempel für einen ebenso verzweifelten wie vergeblichen Eingliederungswillen heranzuziehen wäre?)

Die äußere Gestalt Münchens, seine schiere

Stofflichkeit und Form, beschäftigt die Mehrheit der Hiesigen nicht im Übermaß. Sie registrieren mit einem fast schon rituellen saisonalen Maulen die Masse an Baustellen, bedenken Großbauten wie den der HypoVereinsbank mit Stereotypen à la »de lassn ja rein gar nix steh«, und wenn die Rede auf die notorisch räudigen Örtlichkeiten Marienhof und Jakobsplatz kommt, nützen sie das zu einer ebenfalls recht standardisierten Obrigkeitskritik: »Die«, nämlich die Leute von der städtischen Baubehörde, könnten einen ja nur mit Dachgauben und Hinterhofbegrünungen sekkieren, seien aber zu nichts wirklich Innovativem imstande. Nullinger halt.

Ansonsten verhalten sie sich in dem Punkt wie verwöhnte Nachgeborene, die sich auf dem Vererbten pelzen und den Herrgott im Übrigen einen guten Mann sein lassen. Das geht umso kommoder, als das 19. Jahrhundert in der Tat einen bedeutenden Fundus an großzügig Konzipiertem und solide Erbautem hinterlassen hat. Freilich hat dies selbstzufriedene Pochen auf Überkommenes dazu geführt, dass Teile der Stadt, wie der Architekt Stephan Braunfels einmal schrieb, »in ihrer Gestaltqualität weit hinter Berlin oder Hamburg, ja sogar hinter Köln, Frankfurt und Düsseldorf« zurückbleiben. Noch hinter Düsseldorf, das muss man sich mal vorstellen!

Und die innere Topografie Münchens? Damit hat man es vergleichsweise leicht, weil man nicht – oder nicht nur – auf Beschreibungen und Diagnosen von Einheimischen zurückzugreifen und sich so dem Vorwurf der Parteilichkeit auszusetzen braucht. Etwas vom Besten an den zahllosen Zuzüglern ist nämlich dies: dass sie, egal ob sie nun von der Stadt verschlungen oder am Ende wieder ausgespuckt wurden, mit ihrer Meinung über sie nicht hinterm Berg hielten respektive halten.

Das bekannteste Diktum stammt von Thomas Mann, nämlich das »München leuchtete« aus seiner Erzählung »Gladius Dei«. Es handelt sich dabei um eine Novelle, in der die zwischen einer etwas törichten Heiterkeit und dem latenten Hang zu zerstörerischem Ausrasten seltsam changierende Befindlichkeit Münchens treffend geschildert wird. Die Phäakenstadt, das Isar-Athen hat sich's weiter nicht verdrießen lassen, sondern daraus einen Stadtpreis, die Medaille »München leuchtet«, erschaffen.

Apropos leuchten: Eine der am liebsten zitierten München-Stellen stammt von dem Aufklärer Johann Pezzl, der sich nicht leicht eine Bosheit verkniff, aber mit den Frauen recht glimpflich umging. »Ich habe«, notierte er 1784, »noch nirgends so viele schöne Weiber und Mädchen auf einem Haufen beisammen gefunden.« Das walte Gott, und bis heute hat dagegen niemand Widerspruch eingelegt. Im Gegenteil wird dieser Schönheit nach wie vor und ganz unverhohlen Tribut gezollt, etwa bei Aktionen wie »Die schöne Münchnerin«. Die Texter der *Abendzeitung* werden da immer vor Bewunderung fast zu Dichtern, wobei die Poesie ihrer Beschreibungen allenfalls darunter leidet, dass sie in sehr vielen

Fällen Standardsätze wie den unterbringen müssen, die Kandidatinnen täten tagaus, tagein nichts lieber als »abtanzen«, und das nach Möglichkeit in den »angesagtesten Locations«.

1921 wurde München in der Zeitschrift *Zwiebelfisch* als »idyllisches Krähwinkel« geschildert, »besiedelt und betreut von rüstigem Bauernschlag, dessen goldenes Fettherz im Grunde allen Menschen wohl will«. Das mit dem fettherzigen Bauernschlag mag man mal dahingestellt sein lassen. Dass München jedoch auch heute noch über ein gewaltiges Potenzial an Wohlwollen verfügt, sieht man an einigen stadtbekannten Exoten, derer Narreteien man sich auf Dauer nicht anders zu erwehren wusste, als dass man sie sozusagen eingemeindete, indem man sie der Folklore, Unterabteilung Schickimicki, zuwies. Wer dort gelandet ist, hat die fast unbegrenzte Hanswurstenfreiheit erreicht – eine Freiheit freilich, die nicht jedem gut bekommt. Von Karl Valentin sagten zu seinen Lebzeiten viele Münchner ebenfalls, er sei »a spinnerter Uhu, a spinnerter«, doch heimisch ließen sie ihn nicht werden in ihren Fettherzen, weil das bisschen Platz dort längst der Weiß Ferdl besetzt hatte.

Bayern wurde amtlicherseits zur Synthese von Laptop und Lederhose erklärt, was München insofern voll einschließt, als es ein Hightech-Standort ersten Ranges ist; die Legende, dass die Firma Siemens nur deswegen hier ist, weil der alte Ernst von Siemens so gern im Starnberger See schwamm, tut diesem Rang keinen Abbruch. Schon Gustav Adolf hatte die

Stadt einen »goldenen Sattel auf dürrer Mähre« genannt, im Dreißigjährigen Krieg wohlgemerkt, und noch heute kann man im Rathaus, wenn man auf das Thema Reich und Arm kommt, einen Vergleich aus dem Reit- und Fahrwesen hören. »Wenn man«, doziert der Gewährsmann, »den Pferden viel zu fressen gibt, dann scheißen sie viel und dann bleibt auch für die Spatzen viel.« Was aber die Lederhose betrifft, so sagt man dem gegenwärtigen Oberbürgermeister Christian Ude nach, er habe erst lernen müssen, wie man so ein Ding anzieht.

Um noch einmal auf Gustav Adolf zurückzukommen: Der war von der damals neuen Münchner Residenz dermaßen angetan, dass er sie am liebsten auf Walzen nach Stockholm befördert hätte. Damit korrespondieren auf halb beängstigende und halb belustigende Art zwei andere Versuche, München zu beseitigen. Der eine ist von Ludwig II. durch dessen Kabinettssekretär Friedrich von Ziegler überliefert und hat den Plan zum Inhalt, »das verfluchte Nest an allen Ecken« anzuzünden. Der andere stammt aus der Zeit unmittelbar nach dem Zweiten Weltkrieg. Die »Hauptstadt der Bewegung« lag in Trümmern und in diesen Tagen muss man in kleineren Zirkeln den nicht näher dokumentierten Vorschlag diskutiert haben, das Ruinenfeld einfach stehen zu lassen und München am Starnberger See neu zu erbauen. Heinrich der Löwe hätte, selbst wenn damit kein Bischof mehr zu verärgern gewesen wäre, sicher seinen Spaß an so einer Umsiedlung gehabt.

Wie Bayern die Kirche besiegte

Ein Streiflicht zu Geistesfreiheit und Toleranz

Über die bayerische Religiosität ist viel geschrieben worden, auch viel Gegensätzliches. Im »Weltbuch« Sebastian Francks, 1534 erschienen, heißt es dazu lapidar: »Beyer andechtig leüt auff gut römisch«; da Franck hintereinander Katholik, Protestant und Wiedertäufer war, kann ihm Kompetenz nicht abgesprochen werden. Man hat die Dinge freilich auch anders gesehen. Der Berliner Aufklärer Friedrich Nicolai etwa fand, die Bigotterie habe in Bayern »unauslöschliche Züge von stierem und gedankenlosem Wesen über alle Gesichter verbreitet«. Von Hinterfragen im landläufigen Sinn kann da wohl kaum mehr die Rede sein. Vergegenwärtigt man sich die aktuellen Bemühungen des Bundes für Geistesfreiheit (bfg), das Wort »Gott« aus der ersten Zeile der Bayernhymne zu entfernen, so will es einem vorkommen, als ob es diesen Leuten, wie damals Nicolai, an Souveränität mangle.

Die strittige Hymne beginnt mit der Zeile »Gott mit dir, du Land der Bayern« und ist für bayerische Schüler verpflichtender Lernstoff. Letzteres insbesondere stört den bfg, weil seiner Ansicht nach niemand gezwungen werden dürfe, religiöse Texte gegen seine Überzeugung auswendig zu lernen. Wäre die Sache nicht ernster, als sie aussieht, könnte man der Versuchung nachgeben anzumerken, dass die Kinder auch den »Erlkönig« oder das Parallelenaxiom nach Euklid lernen müssen, ohne davon echt durchdrungen zu sein. Die Angelegenheit ist aber leider keine Gaudi, weil sich hier ein Dunkelmännertum ganz eigener Sorte offenbart. Was die religiösen Gegenstände betrifft, so haben sie zwei Komponenten. Deren eine ist die sozusagen kultische Dimension, und es versteht sich auch in Bayern, dass konfessionslose Schüler nicht genötigt werden können, den Rosenkranz zu beten. Die andere Dimension ist die kulturelle, und da wird es wenig Zweifel darüber geben, dass das »Vaterunser« ebenso in den Kanon der Allgemeinbildung, diese köstliche Rumpelkammer, gehört wie die drei Punischen Kriege, der kategorische Imperativ oder die Grundelemente der deutschen Syntax. Dass ein paar Talmud- und Korankenntnisse diesem Kanon ebenfalls gut anstünden, sei in nicht vereinsgebundener Geistesfreiheit hinzugefügt.

Ehe die Leute vom bfg nun denken, wir hier hätten stiere und gedankenlose Gesichtszüge oder seien gar Büttel des klerikalen CSU-Staats, rufen wir einen dritten Gewährsmann für Bayerns Religiosität auf. Paul Zaunert konstatiert in seinem Buch über »Die deutschen Stämme«, nicht das bayerische Volk sei christianisiert oder katholisiert worden, sondern konträr die Kirche bajuwarisiert. Verstehst du, Bund für Geistesfreiheit, was das heißt: Wir haben erledigt, was zu leisten du noch schuldig bist, nämlich die Kirche besiegt. Möglicherweise tun wir uns deswegen auch mit Gott ein bisschen leichter als du.

Wo Schwarz nicht ankommt

Wie sich ein SPD-Bürgermeister in dem oberfränkischen Ort Tettau behauptet

Ganz Bayern ist seit vierzig Jahren von der CSU besetzt. Ganz Bayern? Nein! Ein von Unbeugsamen bevölkertes Dorf leistet Widerstand.

»Also, was man der CSU anrechnen könnte«, hebt einer in der kleinen Runde oberfränkisch bedächtig an, und man denkt sich schon: Oha, jetzt kommt es aber knüppeldick, jetzt macht einer vom hiesigen CSU-Ortsverband einmal eine längst fällige Rechnung auf, jetzt gibt es Saures für das Mutterhaus in München. Und was wäre nun der CSU anzurechnen? »Dass«, fährt der Mann fort, »der Franz Josef so früh gestorben ist – der Einzige, der gewusst hat, was da drüben los ist.« Franz Josef, das ist Strauß, da drüben, das sind die unmittelbar angrenzenden so genannten Neuen Länder, vormals Zone alias DDR, und dass die CSU ihren Übervater so früh hat sterben lassen, wird sie dann und wann wohl selber schon bereut haben.

Im Jahr 2002 waren es vierzig Jahre, dass die CSU in Bayern mit absoluter Mehrheit regiert. Bei der Landtagswahl von 1962 errang sie 47,5 Prozent der Stimmen und damit 108 von 204 Mandaten. Am 11. Dezember 1962 präsentierte Alfons Goppel sein Kabinett, dem ein paar recht markante Figuren von der CSU angehörten, darüber hinaus ein Staatssekretär von jener Bayernpartei, mit der die CSU damals noch eine – von den Machtverhältnissen her überhaupt nicht nötige – Koalition eingegangen war und der sie später so überaus rüde den Garaus machte.

Bescheiden, wie sie ist, verzichtete die CSU auf Buhei und Trara. Fraktionschef Alois Glück, ihr Hüter und Vordenker, wies zum Jubiläum lediglich darauf hin, dass die Mehrheit nicht gottgegeben sei, sondern immer wieder neu erarbeitet werden müsse. So wahr das ist, so klar widerspricht es der gern kolportierten These, wonach der CSU hier in Bayern Sympathie und Stimmen von alleine zufielen und es völlig ausreiche, einen Besenstiel als Kandidaten aufzustellen. Hatte diese These je Bestand? Sagen wir es so: Es gibt Flecken in Bayern, wo auch die SPD einen Besenstiel kandidieren lassen könnte. Tettau im Landkreis Kronach ist einer dieser Flecken, und so wollten wir mal nachschauen, ob es »Bayerns röteste Gemeinde« in all den schwarzen Jahren ähnlich weit gebracht hat wie das ganze Bundesland und ob man dort geneigt war, der CSU zum Jubiläum so herzlich zu gratulieren, wie das sonst allerorten geschah und sich empfahl.

Der erste, stärkste und beständigste Eindruck ist der, dass es Tettau und den Tettauern wesentlich besser ginge, wenn es den Wachtelkönig nicht gäbe, ja dass dieser Vogel der Feind schlechthin ist. Die Sache verhält sich ungefähr so: Der Tettauer Winkel, wie man die Gegend halb verschämt, halb heimatstolz nennt, liegt weitab von den komfortableren Verkehrswegen, wäre aber, seiner höchst leistungsfähigen Industrie wegen, gerne besser angebunden. Eine der Trassen, die sich anböte und über die seit Ewigkeiten geredet wird, führt vom Süden herauf, von Lichtenfels her, und ausgerechnet an ihr besitzt der Bund Naturschutz (BN) ein Sperrgrundstück, in dem sich der Wachtelkönig aufzuhalten pflegt. Wenn dies auch nicht direkt der CSU in die Schuhe zu schieben ist, so hat man auf sie doch einen gewaltigen Rochus, weil der BN das Grundstück einst vom Freistaat Bayern erhalten hat – bei den bekannten Identitäten und Affinitäten also irgendwie auch von der CSU.

Crex crex heißt der Wachtelkönig wissenschaftlich, und man hört aus diesem Namen geradezu seine laut knarrende Stimme. Ähnlich laut und knarrend werden die Tettauer, wenn die Rede auf mögliche und verhinderte Autobahnzubringer kommt. Solche Statements beginnen stets mit der Versicherung, dass man auch und sehr wohl für die Natur sei, dass man aber, vorsichtig wiedergegeben, auf den Wachtelkönig pfeife, falls er dem Menschen übergeordnet werde, insbesondere falls er dessen Recht auf zügige Personen- und Warenbeförderung einzuschränken drohe.

So oder so ähnlich sagen es die Leute aus der Glas- und Porzellanindustrie, die Spediteure, die Kommunalpolitiker, und ganz besonders scharf sagt es Bürgermeister Alfred Schaden, ein SPD-Mann von notfalls Wehner'scher Grobheit. Bei einer anderen Straßenbaugeschichte hat er, als er mit dem Birkhuhn als Sperrvogel konfrontiert wurde, die Drohung ausgestoßen, er werde ein Maschinengewehr nehmen und die Verhinderer niedermähen. »Des is bis zum Stoiber gangen«, sagt er und macht dazu eine Handbewegung, als wolle er den weiland Innenminister samt Birkhühnern und Naturschützern heute noch vom Tisch fegen.

Schaden ist seit 1975 Bürgermeister und hat in dieser Zeit an Lautstärke, Agilität und Heftigkeit nicht nur nichts eingebüßt, sondern sein Naturell förmlich zum Amtsstil ausgebaut. Die CSU, die drei Leute »mit Mühe und Not« in den Gemeinderat gebracht hat, bewältigt seine alles beherrschende Art mit einem gewissermaßen dialektischen Gedankenspiel. »Was ist besser«, fragt ihr Ortsvorsitzender Falk Wick in die diesbezüglich neutrale Luft des Gasthauses Söllner hinein, »ein Bürgermeister, den man schieben, oder einer, den man bremsen muss?« Die Antwort erübrigt sich, und Wick schaut einen an, als wollte er sagen: Na, haben wir's nicht fein erraten hier heroben!

In der Tat war Tettau immer ein recht gewichtiges Stückchen Bayern. Dort saßen und sitzen lohnende Industriebetriebe, es gab zuzeiten mehr Arbeitsplätze als Einwohner, und manch einer hat noch Zeitungsartikel verfügbar, die Bayerns röteste Gemeinde auch als dessen reichste herausstrichen. Man war immer weit vom Schuss dort oben an der Grenze zu Thüringen und musste seine Produkte, vornehmlich Glas und Porzellan, der kaufwilligen Welt ein

Stück weit entgegentragen. Das ging aber an, weil erstens der Termindruck nicht immer so bestimmend war wie heute und weil zweitens der Acker der Beschwernisse damals im warmen Regen einer ebenso erfreulichen wie wirtschaftlich sinnvollen Grenzlandförderung lag und man somit den Herrgott durchaus einen guten Mann sein lassen konnte.

Nichts natürlicher, als dass das politische Leben stets von der SPD geprägt wurde. Den Tettauern sagte man nach, sie kämen so mit dem roten Parteibuch zur Welt wie umgekehrt die Jachenauer in Oberbayern mit dem schwarzen. Bei den Kommunalwahlen fuhr die SPD in aller Regel zwischen sechzig und siebzig Prozent der Stimmen ein, und wenn gar der Bürgermeister zur Wahl stand, war man nahe an der Einstimmigkeit. Das änderte sich nur, als die CSU einmal einen Gegenkandidaten aufstellte, angeblich auf Alfred Schadens persönlichen Wunsch: damit er im Wahlkampf nicht so alleine sei. In dieses ungleiche Rennen einzusteigen und hernach die nie strittige Niederlage hinzunehmen, war Falk Wick Manns beziehungsweise Freunds genug.

Die Wende und ihre Folgen ziehen in Tettau Formulierungen nach sich, die an jene zum Wachtelkönig denken lassen: Grundsätzlich finde man sie gut, politisch und menschlich und so, aber in wirtschaftlicher Hinsicht sei man durch sie von den Federn aufs Stroh gekommen, indem die Grenzlandförderung eingestellt worden sei und der – nunmehr aus Investitionshilfen bestehende – warme Regen jetzt ein paar Kilometer weiter weg niedergehe, im Thüringer Raum. Wer immer darauf angetippt wird, kann von Fällen berichten, in denen diese Gelder in Windgeschäfte gesteckt, sozusagen kaltblütig verbrannt wurden.

Darüber herrscht Verbitterung. Der Industrielle Reinhard Böhm zum Beispiel konstatiert mit schmalen Lippen, dass Ortstreue bestraft werde. »So gesehen habe ich geschäftlich etwas falsch gemacht«, sagt er und meint damit, dass er, statt »drüben« etwas aufzuziehen und dafür Geld abzuschöpfen, in Tettau einen Betrieb der Kunststofftechnik vor dem Absaufen rettete. Bürgermeister Schaden ist wieder einmal schwer zu bremsen, diesmal in seinem lautstarken Lob für Böhm. Der seinerseits hat die unstrittige, von der Mitte zu den Rändern hin sich freilich abschwächende Erfolgsgeschichte CSU-Bayerns im Blick und prägt ein fast biblisches Bonmot: »Wir wollen nicht nur wählen, sondern auch ausgewählt werden.«

Einem lustigen Buch nach ist die CSU »die Partei, die das schöne Bayern erfunden hat«. Wenn das stimmt, so ist ihr bei Tettau ein kleiner Fehler unterlaufen, denn dort musste sie selbst erst erfunden werden. 1970 hatte sie bei den Landtagswahlen 56,4 Prozent der Stimmen errungen und war daran, sich an ihr Traumergebnis von 62,1 Prozent (1974) heranzuarbeiten. Damals besah sich der aus Niederbayern zugewanderte Polizist Franz Brunner die Tettauer politischen Verhältnisse. Die SPDler und Kommunisten waren für ihn klar definiert. Nicht so die Freien: Denen wollte er ein Bekenntnis abverlangen, ob sie im Kern rot, schwarz oder wirklich frei waren, und darum gründete er einen Ortsverband der CSU. Heute ist er 77, hat aber noch deutlich Alfred Schadens Spott im Ohr: »Na, fünf Mann wirst schon zusammenkriegen!« Es wurden an die vierzig Mitglieder im Lauf der Zeit und eines Tages kam sogar Strauß nach Tettau – ein unvergessliches Erlebnis für Rote, Schwarze, Freie und besonders für Brunner: »Midn Franz Josef, da kunnt ma halt redn ...«

Diese sehr altbairisch geprägte und von der CSU stets massiv gehätschelte Bayernseligkeit hat es im Fränkischen nie besonders leicht gehabt, unbeschadet der Tatsache, dass einer der CSU-Gründerväter gebürtiger Oberfranke war: Josef Müller, genannt »der Ochsensepp«. Ist so ein Franke dann auch noch Unternehmer im münchenfernen Tettau, sieht er das Weißblau-Glamouröse mit womöglich noch zusammengekniffeneren Augen. Bernd Hörauf, General Manager der Tettauer Glashüttenwerke, bekennt sich insofern zur CSU, als er generell ein Freund berechenbarer, auf klare Mehrheiten gestützter Entscheidungsstrukturen ist. Was hingegen die hiesige Wirtschaft betrifft, so seien die bei ihr Beschäftigten so etwas wie »Münchens verlorene Kinder«, weil an ihnen zwar nicht der Kelch, wohl aber der Topf vorübergegangen sei – der mit den Fördermitteln, versteht sich. Ein Tipp aus der Provinz an den Wasserkopf in München gefällig? Hörauf rät der CSU zu der Sorgfalt, die man unter Managern due diligence nennt und die in diesem Fall so aussehen müsste: Schau auf alle Bereiche deines Unternehmens, nicht nur darauf, ob das Foyer mit Mahagoni getäfelt ist!

Mitten im Ort steht die evangelische Kirche »Ad portam coeli« (Am Himmelstor), ein fast nur aus Turm bestehendes und innen mit ebenso viel Liebe wie Geschmack restauriertes Gotteshaus. Unweit davon wohnt Pfarrer Bernhard Nikitka mit seiner Familie und einer nur schwer überschaubaren Sippe von Hauskatzen. Er ist mittelfränkischer Herkunft und russischer Abstammung und will zur CSU nicht mehr sagen als das, was er von den Leuten hier zu hören bekommt: dass die örtlichen und regionalen Belange bei ihr »eher nicht« in guten Händen seien.

Aber über seine Gemeinde, die konfessionell ihm zugehörige (drei Fünftel sind evangelisch, ein Fünftel katholisch, ein Fünftel islamisch) und die Marktgemeinde als ganze! So etwas von Zusammenhalt, von Einstehen für die eigene Sache, von Engagement im Sozialen und Künstlerischen finde man so schnell nicht wieder. In der Tat hat, um ein Beispiel zu nennen, der Theaterverein vor zwei Jahren Passionsspiele ins Leben gerufen, was Bürgermeister Schaden damals den spontanen Ausruf entlockt hatte: »Ich glaab, jetzt spinnt ihr direkt!«

Die Passion kam nichtsdestoweniger prächtig an. Für die übrigen Leiden der Tettauer aber hat Pfarrer Nikitka einen Monatsspruch nach dem Propheten Jesaja ausgegeben: »Sagt den verzagten Herzen: Seid getrost, fürchtet euch nicht! Seht, da ist euer Gott!«

Keine Zeit für Blödsinn

Karl Valentin und seine Heimatstadt

In Karl Valentins Werk gibt es neben dem unerbitterlich Bleibenden auch viel Vergängliches, etwa die Allerweltsscherze, die er zu runden Geburtstagen zu verschicken pflegte und von denen er einen auch in seinen Brief vom 14. Oktober 1945 an Münchens Oberbürgermeister Karl Scharnagl einbaute. »Ich bin nun 63 Jahre alt«, schrieb er, »aber ich bin noch so rüstig, als wäre ich erst 62.« Valentin wollte sich wieder in seiner Heimatstadt etablieren und fiel Scharnagl mit einer rechten Jeremiade ins Haus: »Was ist mit mir? Bin ich ganz vergessen? Durch die Tenorangriffe« – eine Verballhornung des von den Nazis gebrauchten Wortes Terrorangriffe – »ist mir meine Wohnung in München, Mariannenplatz 4/2 tadellos ausgebrannt. Ich wohne mit meiner Familie im Ausland, Planegg, Georgenstrasse 2. Ich bin nicht mehr Komiker, sondern Scherenschleifer …« Und ferner: »Nun steh' ich da, ich magerer Mann (98 Pf. Körpergew.), / und fange wieder von vorne an.«

Wie die Sache endete, ist bekannt: Valentin blieb der magere Mann, der er war, und der Neuanfang misslang auf eine ihn völlig deprimierende Weise. Beim *Bayerischen Rundfunk*, damals noch *Radio München*, konnte man sich mit ihm und seiner Kunst nicht mehr anfreunden. Man zieh ihn der »Humorlosigkeit«, wogegen sich Valentin zu verwahren suchte, so gut das eben ging. In einem Offenen Brief an die *Illustrierte Radiowelt* schrieb er: »Vierzig Jahre lang habe ich in meinem Beruf als Komiker neutral gearbeitet und habe vielen Menschen mit meinem Riesenblödsinn Freude bereitet und nun soll ich mich plötzlich zu einem anderen, literarischen Humor entschließen.« Ähnlich am 24. Dezember 1947 an die *Süddeutsche Zeitung*, diesmal unter Einbeziehung seiner Partnerin Liesl Karlstadt: »Leider haben wir versagt – deppert daherreden, wie wir das 35 Jahre lang gemacht haben, dürfen wir nicht mehr – bleibt nix anderes mehr übrig – als ganz stad sein.« Ganz stad, also still sein: Sieben Wochen später war Valentin tot.

Sein Verhältnis zu München schien insofern normal und typisch gewesen zu sein, als er ohne diese Stadt nicht hätte leben und arbeiten können, als er andererseits das Dasein mit ihr auch nur schwer ertrug. Wie so ein Konflikt im Einzelfall aussehen konnte, belegt ein Brief aus dem Jahr 1931, in dem sich Valentin über Drangsalierungen seitens der Feuerpolizei beschwert. Während man deren wachsames Auge weder in den Holzbuden des Oktoberfests noch bei den Faschingsfeiern des Deutschen Theaters bemerke, rücke ihm, wenn in den »Raubrittern vor München« ein Nachtwächter mit seiner Laterne über die Bühne gehe, alsbald ein Wichtigtuer auf den Pelz. Dergleichen werde er sich künftig nicht mehr bieten lassen, und wenn es doch wieder passieren sollte, »dann packe ich meine sieben Zwetschgen zusammen und übersiedle für immer nach Berlin (!)«.

Das äußere Bild Münchens lag ihm wie weniges sonst am Herzen. So stand er über Jahre hinweg mit der Stadt in Verhandlungen wegen des Ankaufs seiner in der Tat gewaltigen Sammlung von Fotos, Karten, Diapositiven und Stereoskopbildern zum alten München. Selten versäumte er in seinen Briefen den damals für förderlich erachteten Hinweis, dass »der Führer« von den Stereoskopbildern aus dem Jahr 1860 (man konnte sie in so genannten Guckkästen betrachten) höchst beeindruckt gewesen sei und den Auftrag zu »Gegenaufnahmen von der Jetztzeit« erteilt habe, auf dass »die Münchner die Entwicklung der Stadt München naturgetreu und plastisch erleben können«. Dass Valentin es im Ernstfall mit Bildern nicht bewenden ließ, ist belegt. In den dreißiger Jahren konnte er es nicht mehr mit ansehen, wie die innerstädtische Flusslandschaft verlotterte. Er griff zu Rechen und Schaufel und kratzte auf der Praterinsel herum, nicht ohne die Stadt mit groteskem Pathos davon in Kenntnis zu setzen.

Was seine engeren Landsleute anging, so machte sich Karl Valentin über deren Affinität zu seinem Werk wenig Illusionen. An Victor Wahl, den Hauptschriftleiter der *Stuttgarter Illustrierten*, schrieb er im Dezember 1937 anlässlich der dritten Eröffnung seines Panoptikums, des »Lachkellers« im Färbergraben: »Der Münchner (ich bin zwar selbst einer) hat eben kein Interesse für solche Sachen, man kann ja auch dabei keinen Zwang ausüben, der Münchner geht ja auch nicht in die Bierbrauereien und es interessiert ihn auch gar nicht, wie dasselbe fabriziert wird, er sauft's halt, wenns guat is und wenns amal net so guat ausg'fall'n is, na sauft er halt a bisserl weniger, aber g'suffa wird.«

Valentin erzählt bei dieser Gelegenheit, wie sich einmal ein Münchner vom Typ Walross-Schnurrbart und Virginia im Mundwinkel in sein Museum verlief und sozusagen blind darin herumging. »Herr Nachbar«, sagte Valentin zu ihm, indem er ihm auf die Schulter klopfte, »Sie müssen sich die Sachen da schon näher anschaun, sonst wissen Sie ja nicht, was die Figuren darstellen.« Der Mann darauf, ohne ihm ins Auge zu blicken: »Dös a no.« Valentin riet ihm, doch lieber in den Mathäser auf eine Maß Bier zu gehen, und will später tatsächlich eine Münchner Bierkarte aus dem Mathäser erhalten haben, auf der ein Münchner den schäumenden Maßkrug umarmt. Mit Bleistift stand darauf geschrieben: »Lieber Valentin, a so a frische Maß is uns liaber als dei ganzes Museum.«

Augen wie polierter Stahl

Ein Streiflicht zur Klugheit und Schönheit der Bayern

Der Lateinunterricht in den bayerischen Kindergärten ist zwar spielerisch, aber nicht verspielt. Er führt bereits im ersten Jahr zu Sinnsprüchen wie diesem: »Extra Bavariam non est vita, et si est vita, non est ita« (Außerhalb Bayerns gibt es kein Leben, und wenn doch, dann kein vergleichbares). Und wenn die Kindergartenkinder das analysieren, kommen sie nicht selten zu der Erkenntnis: »Un die Ssulen dlaußen sin auch Sseiße!« Da lachen die Kindergärtnerinnen, die Latein geben, sagen »Bene dixisti, Xaverl, guad gsagt!« und schicken die Kinder in den Sandkasten zur meditativen Nacharbeit. Davon und von den Laptops, die bayerische Kinder sozusagen mit der Muttermilch einsaugen, kommt der hiesige Bildungshochstand, den man sich so vorstellen muss: Das Gefälle zur Bildung in den SPD-regierten Ländern ist so groß, dass man, wären da Kraftwerke, mit der überschießenden, zu Tal donnernden bayerischen Bildung den Strom für alle Gesamthochschulen erzeugen könnte.

Jahrhundertelang hat die Forschung ja fast nur auf die körperliche Beschaffenheit der Bayern »abgehoben«, im Einklang mit der einschlägigen Dichtung. Ganghofer etwa gibt einem seiner Bauernburschen »Beine wie Säulen und Arme wie Dreschflegel« mit, und wenn dieser Bursch den Arm biegt oder die Knie durchdrückt, denkt man, »das sind eiserne Scharniere mit fest angezogenen Schrauben«. Doch hören wir, wie Ganghofer fortfährt: »Eine schmale scharfe Nase mit ungewöhnlich beweglichen Nüstern stach heraus, die erweiterten Augen blitzten wie polierter Stahl.« Das läuft schnurgerade auf den nationalen Teil der Pisa-Studie zu, von dem bis jetzt kein Mensch Genaueres weiß, dessen entscheidende Passagen uns jedoch vorliegen. Daraus geht hervor, dass die Nüstern der Kinder in den Stadtstaaten, im Saarland und in Niedersachsen bei weitem nicht so beweglich sind, wie man dort bisher (und aus verständlichem Eigeninteresse) angenommen hatte, und die blitzenden Augen findet man in dieser Deutlichkeit in den restlichen Bundesländern überhaupt nicht – nicht einmal in Baden-Württemberg, obwohl sie dort dank Frau Schavans Wirken klar erweitert sind.

Es gibt übrigens neben der Pisa- auch die Siena-Studie, eine internationale Erhebung zur Schönheit der Menschen. Darin steht Deutschland auf Platz 84. Im nationalen Teil führt Bayern, erstaunlicherweise zusammen mit Hessen. Dem Detail, dass innerhalb Bayerns die Oberpfälzer die Schönsten sind, hatte man bisher wenig Beachtung geschenkt. Nun aber wurde der Oberpfälzer Joachim Federer »Mister Germany«, und seitdem wissen sie bei der CSU nicht genau, was zu tun ist: Sollen sie sagen, dass Stoibers Wurzeln in der Oberpfalz liegen, oder sollen sie Federer, wofür auch immer, in Stoibers zukünftiges »Kompetenz-Team« holen?

Der Quadratschädel vom Salamanderberg

Uwe Dick – ein bayerischer Schriftsteller übt sich in Überlebensprosa

Haben Dichter bei der Vergabe von Orts- und Bergnamen etwas mitzuschnabeln? Ein überschlägiger Blick auf die Wanderkarte von Brannenburg und Umgebung stützt diese Vermutung: Farrenpoint, Schlipfgrubalm, Gugg, Krapf, Hatscherwand, Dümpfel, Schnepfenluck. Klingt fast wie jenes erste Präludieren in der »Sauwaldprosa«. Dort heißt es: »Hinter den sieben mal sieben Hügeln, die sich bei Höll auftun, Moosvogl verbergend und Hundshaupten, Mergl und Frauentodling …« Der Salamanderberg kommt in der Wanderkarte nicht vor. Dennoch ist er längst so real wie nur irgendein Rampoldkaser oder Riesenkopf, einfach deswegen, weil Uwe Dick den Hügel über Brannenburg – zahlreich wimmelnder Salamander wegen – so nannte und in die biografischen Abrisse listig einschwärzte. Uwe Dick ist ein Dichter. Er selbst weiß das am allerbesten und hat sich im Koordinatensystem der zeitgenössischen Literatur einen ebenso komfortablen wie irrwitzigen Sitz erturnt: »I bin koa Shakespeare, aber die ganz'n Goethes, die rumlaffan, san koane Dicks.« Basta.

Ist der Mann größenwahnsinnig? Oder einfach nur närrisch, wie Dichter eben manchmal sind? Uwe Dick sitzt auf dem Salamanderberg, privatim auch »Klein-Bosnien« genannt, hoch über dem Inntal, in seinem Refugium, dem Zuhäusl eines stattlichen Bauernhofes. Der Vorwurf, er entfremde sich dort oben der Mitwelt, werde gar zum Menschenfeind, ist ihm bekannt. »Wenn oa Kuah scheißt, is schnell der ganze Weg voll«, sagt er und meint damit, dass irgendjemand die Vermutung der Misanthropie in die Welt gesetzt habe und seitdem jedermann dies nachvermute.

Die Idee, dem Bergschrat einmal porträtierend nahe zu treten, wurde immer wieder verworfen, ist aber schon alt. Sie datiert von einem kabarettistischen Abend im Münchner Hinterhoftheater, bei dem Uwe Dick seinen »Monolog eines Radfahrers« vorgetragen hatte, ein Stück »Überlebensprosa« von der ausbündigsten Kategorie: Poesie-Eruptionen und Beschimpfungskatarakte, dass die Zuhörer alle Teufel singen hörten. Nun kommt in diesem Stück auch ein Passus vor, den kein Fahrer eines Opel Kadett mit Altöttinger Nummer gern auf sich sitzen lässt: »Opel. AÖ. Sulzkopf. Mittfünfziger. Rote Stirnflecken. Pumpt. Schwitzt, weil er noch nicht loslegen kann. Anzug von der Stange. Quellwampe, nicht wegzuknöpfen.« Und so fort, Sottise hinter Sottise.

Wart' nur, dachten wir damals, du da vorne in deinem Schafwolljanker und mit deinem Haferl Gesundheitstee! Wie halt der Spießbürger mit dem Dichter hadert, sobald er sich im Typus allzu deutlich wiederfindet. Wenn lange Zeit nichts aus der Abrechnung wurde, dann hauptsächlich deswegen, weil einem der Mann als Grobian in Erinnerung war – Huster und Räusperer hatten bei ihm saure Tage – und man das Gespräch mit solchen Quadratschädeln ja nicht mutwillig sucht.

Als diese Geschichte geschrieben wurde, geschah etwas, das der breiten Öffentlichkeit normalerweise egal ist, in literarischen Zirkeln jedoch allemal für Geschrei und Umtriebe bürgt. Dick lag im Zwist mit seinem Verleger, und er, der die Presse (insbesondere die »FeuilleTonAngeber«) sonst aufs Giftigste geißelt, ließ wissen, dass er über diesen seinen Skandal nicht ungern etwas geschrieben sähe. Dick ist Branchenkenner genug, um die Wirkung solcher Einflüsterungen abschätzen zu können. Der 1942 in Schongau Geborene war einige Jahre Redakteur und Reporter, zuletzt beim *Münchner Merkur*, ehe er, »müde der Fertigteilsprache«, den Sprung wagte in »ein niemals vertagtes Leben«. Die ersten Arbeiten hatte er im Selbstverlag erscheinen lassen, später betreuten ihn Ehrenwirth (München) und Haller (Passau), und heute erscheint sein Werk beim Salzburger Residenz Verlag. Damals war der Münchner Verleger Ernst Reinhard Piper sein Partner und Freund; wie Partner- und Freundschaft endeten, sei hier kurz skizziert.

Der Krach hatte zwei Handlungsstränge, einen literarisch-verlegerischen und einen musikdramatischen. Beim ersten Strang ging es darum, dass Piper einen neuen Gedichtband Dicks als Taschenbuch herausbringen wollte, wohingegen Dick selbst, nicht zuletzt im Hinblick auf die »Ameisenblütler« der Feuilletons, eine Hardcover-Version favorisierte. Darüber entspann sich ein Briefwechsel, der im Ton zusehends eskalierte, dergestalt, dass gegen Ende Piper von Dicks »unvermeidlichem Wortgeklingel« sprach und sich dafür die Vorhaltung einhandelte, er habe »zwar ein Geschäft, sonst aber nur Unsicherheiten geerbt«.

Dick bewahrt übrigens solche Schriftstücke auf, wie er denn überhaupt sehr darauf achtet, seine Polemiken auch stilistisch gut auszufeilen, um sie später als gelebte Prosa seinem Gesamtwerk einzuverleiben: Wenn er sich schon rumstreiten müsse, dann so, dass auch die Nachwelt einen Gewinn davon – oder jedenfalls Spaß daran – haben könne. Ein Präzedenzfall geht bereits durch die Welt, nämlich der kauzige Schlagabtausch mit dem Münchner Bekleidungshaus Loden-Frey, das sich durch seine Feststellung, die Bayern seien mehr »als ein Volk von Dullijöh-singenden Loden-Frey-Germanen«, in der Firmenehre gekränkt gefühlt hatte. Die Korrespondenz ist nun Teil der »Sauwaldprosa«.

Der andere Strang des Zwists wies nach Passau, wo in Elmar Raida dem Bayernland ein eigenwilliger Komponist erwuchs. Dieser nun hatte sich nichts Geringeres in den Kopf gesetzt, als Dicks »Öd« zu vertonen, ein Werk ebenfalls von nicht alltäglicher Machart. Der Dichter nennt es »Das Biodrama eines amokdenkenden Monsters«, hat es vor Jahren auf Platte gesprochen, geröhrt, gelallt, gesungen, geheult – er selbst der brillanteste Interpret seiner beängstigenden Rhapsodie, mit deren Hauptperson, einem böse-hellsichtigen Saufkopf, er gelegentlich schon gleichgesetzt wird.

Als Dick von Raidas Plan erfuhr, war er zunächst entsetzt: »San Sie wahnsinnig!« Doch dann widerfuhr ihm das Erstaunliche, dass da ein junger Mensch seinen »Öd« aufs Pfiffigste analysierte. »Der hat'n richtig physiognomisiert«, sagte er mit einem bewundernden Unterton, und: »Schnell san ma per du worn.« Raida ging seine Arbeit ohne Ekstasen an. Seite für Seite kopierte er den »Öd« und klebte ihn zu einer 13 Meter langen Textrolle zusammen, als deren inhaltliche Mitte er (man solle sich da von dem Schwall und Wust und Unflat nicht die Sicht verstellen lassen) folgenden Satz ausmachte: »I, wenn i a Marienkäferl siehch, an Salamander, /an Woiknlaufschattn oda a Zittergras, /nacha bin i demütig gnua.« Da hatte er den Kerl am Wickel und konnte sein Gespinst aus Reihen, Umkehrungen, Krebskanons, und was der Kunststücke sonst noch sind, über den Monolog ausbreiten.

Was das Unternehmen zu Fall brachte, war laut Dick eine »als Schlamperei kaschierte Rankünе«, laut Raida »eine ganz normale deutsche Behördenschlamperei«, laut Piper ein aus Arbeitsüberlastung erwachsenes Missgeschick. Es ging um die Bearbeitungsrechte am »Öd«, wobei sich Raida vom Verlag dermaßen lange hingehalten fühlte, dass er die Arbeit zugunsten einer anderen Produktion abbrach. »Das kann sich«, schrieb er an Uwe Dick, »so eine arme Sau wie ich nicht leisten.« Das Particell wurde fertig, doch auf die Oper »Der Öd« warten Bayern und die Welt heute noch.

Auf dem Salamanderberg brütete Uwe Dick inzwischen Unheil wider das Haus Piper. Sein Entschluss stand fest, er würde sich selbst aus dem Verkehr schießen. Die Strategie war einfach: Er würde bei seinen Lesungen (aus denen er im Übrigen den Großteil seines Lebensunterhaltes bestreitet) einfach keine Piper-Bücher mehr zum Verkauf anbieten und den »Öd« vorderhand überhaupt nicht mehr vortragen. Auf diese Weise gedachte er seine Auflage unter die Ramschgrenze zu drücken und so den Verlag zu zwingen, die Rechte an ihn zurückfallen zu lassen. »Zwingen?«, meinte Ernst Reinhard Piper nachdenklich, »zwingen kann er uns nicht. Aber wenn er die Rechte zurückhaben will …«

Der Markt, genauer gesagt eine unselige Kongruenz von Kundenwunsch und Verlegerwille, hat es zuwege gebracht, dass bayerische Dichtung heute weitgehend auf Begriffe wie Bavarica oder Schmankerl reduziert ist – eine für die Masse zutreffende, für die Ausnahmen jedoch schmähliche Einengung, die suggeriert, das Diminutiv und die schiere Putzigkeit seien hierzulande die einzigen Kategorien des Poetischen. Dick lebt mit diesem Umstand auf seine Weise, nämlich mit grimmigem Vergnügen: Weil er bayerisch rede, glaubten viele, einen Trottel vor sich zu haben; abends jedoch, bei Lesungen, da sprenge er die Schubläden, in denen man ihn abgelegte habe.

Unter Kennern steckt man Dick keineswegs in den weißblauen Depperlwinkel. Die Übersetzerin und Schriftstellerin Eva Hesse hat ihn mit einem weiträumigen, in seiner Wissensfülle Dick selbst immer wieder verwirrenden Essay bedacht. Sie spricht darin auch von ihrem Unbehagen über eine Misanthropie, welche »die Gefahr eines Verlustes der inneren Kontrolle hinsichtlich des angestrebten physischen und literarischen Gleichgewichts zu Lasten seiner ›Jasagekraft‹ in sich berge«. Nöhbauers »Kleine bairische Literaturgeschichte« will da nicht zurückstehen. Sie kommt anhand eines prophetisch getönten Stücks aus der »Sauwaldprosa« zu dem Schluss, dass sich mit Uwe Dick jener Kreis altbairischen Dichtens schließe, der mit dem Weltuntergangsgedicht »Muspilli« begonnen habe: »sô inprinnant die pergâ poum ni kistenit – da entbrennen die Berge, kein Baum bleibt stehen …«

Das Apokalyptische hält sich gottlob in Grenzen, wenn man sich dem Dick'schen Zuhäusl auf dem Salamanderberg nähert. Es ist noch früh am Tag und der Dichter macht sich anheischig, ein zweites Mal Kaffee zu brühen und von den prächtigen Brezen des Ortsbäckers ein paar herauszurücken. Mit Knoblauch, wenn's gefällig ist – seine Frau und er seien es gewöhnt, täglich eine Knolle dieses wohltätigen Gewächses zu verzehren. Hinter dem Haus ist ein Nutzgärtchen, aus dem man sich versorgt, das Brunnenwasser ist von Wohlgeschmack, für einen Gläubigen wahrscheinlich auch vom Rang einer Heilquelle.

Wie er so dichte? Als vormaliger Pressemensch ist Dick für solche Fragen gerüstet, als Mann von handwerklichem Ethos (das eine Verachtung ohnegleichen für Stümper und Schluderer einschließt) sieht er keinen Grund, mit wunderlich formulierten Werkstattgeheimnissen hinterm Berg zu halten. »Ich bring mich in eine Situation«, sagt er zum Beispiel, »und wenn ich mit meiner Weisheit am Ende bin, lass ich der Sprache einen inszenierten Lauf.« Die Betonung liegt auf inszeniert und nicht auf Lauf, denn die Kontrolle über das also Anlaufende ist ihm ein heiliges Anliegen: »Ich betrachte mich als Sprachmusiker«, und seine Arbeit sei das Vernetzen der disparaten, sich jagenden, einander ins Stolpern bringenden Einfälle.

Manche seiner Kritiker finden, dass das mit dem Vernetzen nun eben nicht immer klappe, dass die Einfälle nur so purzelten, dass Disparatestes auf kleinstem Raum sich dränge, dass der Kalauer, dem Dick aus dem Weg gehe, noch nicht erfunden sei. Solchen Anfechtungen begegnet Dick auf zweifache Weise, einmal, indem er – und das meist mit gutem Recht – den Kritikern entgegenhält, sie hätten keinen Sinn für die dichte und seltsame Webart seiner Texte, oder aber, indem er die Kritik schreibend ungeschehen zu machen sucht. In der »Sauwaldprosa« etwa vergleicht er die Kritiker mit Fröschen: Wie diese bei Licht alsbald ihr Quaken einstellten, so verstummten auch jene, wenn er »zu ihrem Revier aus Schlamm und Blättern, verfaulten Hölzern, toten Fischen und verrottetem Müll« vordringe. Sein Schluss daraus: Der Geist herrscht zwar nicht auf der Welt, wird aber schweigend anerkannt.

Es geht auf Mittag zu, Frau Dick kündigt eine Kräuterpizza an. Uwe Dick berichtet von einem anderen Meister, dessen Urteil er sich einmal unterworfen habe. Das war ein achtzigjähriger Weber im Südtiroler Ultental. Dem trug er einst seinen »Drillichgesang« vor, eine Art Ode über die Herstellung des Dreiviertelwalks, eines extrem wetterfesten Stoffes. Lange schwieg der Alte, dann aber sagte er, bedächtig und kehlig: »Das isch gut g'wirkt.« Seitdem hat der Gesang in des Dichters Augen den Adel des Echten; hätte der Mann anders geurteilt, wäre Dick zehn Jahre büßend in sich gegangen. Sagt er.

Ganz genau weiß man ja nie, wie man dran ist mit ihm. Einerseits hat er sich, was bei Dichtern und halbwegs einsiedlerisch Lebenden nicht einmal unpassend ist, eine Art von Gottähnlichkeit zugelegt – nicht ohne sprachliches Format übrigens: »Ich / Dichter des Himmels und der Erde / ging aus meinem Munde hervor / Zwischen meinen eigenen Zähnen / hervor kam ich …« Jünger will er aber nicht heranbilden, nicht zuletzt deshalb, weil auch Jesus und

Marx von »ihren societatibus« verraten worden seien.

Da schluckt unsereins und versucht sich ans Andererseits zu halten, an den unbezweifelbaren Gaudiburschen Uwe Dick, der bei einem guten Kalauer wie gekitzelt loslachen kann und im Übrigen das Dichten in seinem höchstpersönlichen Wertesystem schon unterzubringen weiß. Wenn über dem Inntal, so belehrt er einen, ein schöner Sommerabend hänge, dann setze er sich mit einem Glas Rotwein auf den Balkon und gebe der Welt den Vorrang vor allen Fügungen und Wortheimsuchungen. Und: »Der Rittersporn wenn blüaht, da bin i draußd und pfeif aufs Dicht'n!« Noch Tage später ruft er an, um sich über das Wortwabern eines »Feuilleton-Goofys« heftig zu ereifern. Er schwenkt jedoch alsbald ab, erzählt, wie er unter einer Rinde einen kleinen Bergmolch mit rotem Kamm entdeckt habe – das ganze Feuilleton könne ihm jetzt eigentlich im Grunde wurscht sein.

In jungen Jahren war Dick das, was man in Bayern ein Grischperl nennt. Einen Fuß habe er nachgezogen, doch als der Doktor mit Cortison gekommen sei, habe er's auf die Slibowitztour versucht, und siehe, die Selbstheilung und Regeneration habe seinen Orthopäden bass staunen lassen. Heute läuft er jedem Bergwanderer davon und als Radfahrer sieht er landauf, landab nicht seinesgleichen. Seine Lesetouren bestreitet er nämlich (wenn es nicht gerade ins Westfälische geht) mit dem Rad, achtzehn Gänge, Leichtlauflager, »scho a guats Radl!« In fahrfreundlichen Jahren bringt er's auf mehr als 15.000 Kilometer, und ein Hauptspaß ist es ihm dabei, an bergwärts strampelnden Rennradlern mit Schwung und im Leerlauf vorbeizuziehen und dabei wie von ungefähr an der Satteltasche etwas zu zurren oder umzuschichten: Wie die dann schauten!

Eine seiner Schriften trägt den Titel »Im Namen des Baumes und seines eingeborenen Sohnes, des Buntspechts«, und in ihr macht er einen triftigen Grund dafür namhaft, dass er ein »Überläufer zur Kreatur« wurde. Es ist die scheinbare Unerfüllbarkeit des Wunsches nach einer Welt, in der Schöpfung und Geschöpfe zu Einklang und Eintracht finden. Die Erfüllung ist für Dick »so hoffnungslos lebensfern, dass ich, ein erklärter Feind des Todes, täglich an mich halten muss, eine Menschheit, die sich so irr mit dem tausendfachen Tod gegen das Leben dieser Erde verbündet hat, nicht zu hassen«.

So hält er an sich und schreibt weiter, zäh und sparsam – fünfzig Seiten aufs Jahr müssen genügen. Als sein Lebenswerk soll dereinst die »Sauwaldprosa« bleiben, ein Kontinuum verschiedener Formen, in dem er jetzt schon allerlei Anschlussstellen einplant für später zu schreibende, in Gedanken teils schon vorhandene Versatzstücke, Seitenwege, Verästelungen, Ausblühungen: work in progress, sein »Ulysses«.

Daneben die Lyrik, in der er vergangene Zeiten, Welten und Mythen ebenso zu geheimnisvollem Leben erweckt wie das, was er seinen

»Vätern«, Ezra Pound etwa oder Osip Mandelstam, abgelauscht und sich zu Eigen gemacht hat und in der er sich aufs Eleganteste seine Art von Arroganz leistet: die Weigerung, »des Königs Kunde geflissentlich unterbreitender Dooflieferant zu sein«.

»Einhörner tänzeln zur Tränke, / Einhörner, helfenbeinweiß. / Der Schnapphahn hockt, / zum Sprung geduckt, im Sperberbaum.« Uwe Dick aber schwingt sich aufs Rad und fährt, ehe der Abend kommt, noch schnell die paar Kilometer nach Wasserburg. Fünfzig hin, fünfzig retour – ein Klacks.

Uwe Dick hat den Salamanderberg inzwischen verlassen und ist nach Niederbayern verzogen.

»Wir erden das geistliche Leben«

Ein Blick ins Kloster Plankstetten zeigt, warum der Benediktinerorden Bayern heute noch prägt

»Beim Tisch der Brüder darf die Lesung nie fehlen«, sagt der heilige Benedikt in seiner Regel, und so wird das auch im Kloster Plankstetten gehalten. Mittwochmittag. Es gibt Bohnensuppe, gebackene Auberginen mit Pellkartoffeln und Blumenkohlgratin, alles aus eigenem Anbau nebenbei, und in der vom Ordensgründer geforderten Stille hört man nur das leise Klirren, das sich selbst beim Verzehr eines vegetarischen Mahles nicht vermeiden lässt.

Darüber erhebt sich die Stimme des Vorlesers, und was er liest, ist erstaunlich genug, jedenfalls für den Gast, der sich auf Frommes eingestellt hatte. Um mit dem Schluss zu beginnen, so ist an diesem Mittwoch das 55. Kapitel der Regel dran, das sich mit Kleidung und Schuhwerk der Mönche befasst. Nicht ohne Erheiterung vernimmt man, dass ein Bruder, der auf Reisen geht, aus der Kleiderkammer Hosen erhält, die er nach seiner Rückkehr wieder einzuliefern hat. Später wird man vom Abt belehrt, dass die Vorschrift, jenseits ihres zeitgebundenen Wortlauts, zur Bescheidenheit im äußerlichen Aufwand anhält und insofern so aktuell ist wie eh und je.

Dem war ein Text vorausgegangen, der sich

zunächst wie eine dürre Abhandlung ausnahm, dann aber durch Stichwörter wie »Syllabus« und »Modernismus« Aufmerksamkeit einforderte. Dergleichen hätte man den Mönchen früherer Zeiten womöglich vorenthalten, denn der Text setzte sich durchaus kritisch mit einer Zeit auseinander, in der die Katholische Kirche mit ihrer eifernden Abschottung vor der Welt keine gute Figur machte. Sie hat dieses Ringen verloren, und man kann ruhig daran erinnern, dass es ausgerechnet das grundkatholische Bayern war, das in Ignaz Döllinger den heftigsten Gegner päpstlichen Unfehlbarkeitsstrebens hervorbrachte und das mit der Zirkulardepesche vom April 1869 versuchte, bei den europäischen Höfen Widerstand gegen das Erste Vatikanische Konzil zu mobilisieren.

»Terra benedictina« hat man Bayern oft genannt, benediktinisches Land. In der Tat ist Bayerns Geschichte und Kultur bis heute aufs Engste an Klosternamen gebunden, mögen gleich manche dieser Klöster längst nicht mehr existieren: Tegernsee, Polling, St. Emmeram, Metten, Niederalteich und wie sie sonst noch hießen. Der Historiker Benno Hubensteiner hat davon sehr und mit gutem Grund geschwärmt; er sah mit dem benediktinischen Mönchtum »die Sphäre des Südens« nach Bayern kommen, »erwärmend, beruhigend, lösend«.

Plankstetten liegt im Herzen Bayerns, in einer Gegend von stiller Schönheit, wo Oberpfalz, Mittelfranken und Oberbayern aneinander grenzen. Das nahe Altmühltal bürgt für einen stetigen, wenn auch nicht berauschenden Tourismus; viele Arbeitnehmer pendeln, nach Nürnberg, Ingolstadt, Regensburg. Das Kloster fühlt sich durch diese Konstellation auf seine Weise herausgefordert. Wie früher möchten die Mönche in den sie umgebenden Lebensraum beispielhaft hineinwirken und, wie sie im Internet schreiben, »eine positive geistige, kulturelle und wirtschaftliche Entwicklung im ländlichen Raum auslösen«.

Seit Jahren bekennen sie sich zum ökologischen Landbau. Das Kloster verfügt über etwa 120 Hektar landwirtschaftliche Nutzfläche, deren Erträge im Rahmen eines regionalen Autarkiekonzepts vermarktet werden, »weil wir«, wie Cellerar Frater Andreas sagt, »von unserer Hände Arbeit zu leben verpflichtet sind und nicht irgendwelche Happen aus der Kirchensteuer verbraten können«. Überregionalen Ruhm sicherte sich Plankstetten mit seinen Ökobieren, die im Riedenburger Brauhaus auf Lizenz eingebraut werden. Säulen der Autarkie: die eigene Bäckerei, die Metzgerei, der Hofladen, die Solaranlage, das Hackschnitzelheizwerk. Frater Andreas öffnet die Tür zur Fleischkammer, in der ein paar Ochsenhälften hängen und reifen: »Unter zwei Wochen kommt da keine raus.« Den Leuten, die ihn wegen der vergleichsweise hohen Preise für Ökowaren anreden, pflegt er entgegenzuhalten: »Nicht wir sind zu teuer – Aldi ist zu billig.«

Benediktinerabteien sind völlig autonome Häuser. Dennoch bildet Plankstetten zusammen mit Andechs, Metten, Weltenburg und noch ein paar Klöstern die Bayerische Kongregation, deren Präses derzeit in Schäftlarn sitzt. Chef aller Benediktiner ist der Abtprimas zu Rom, der aber mehr Integrationsfigur als Vorsitzender ist. Abt Gregor leitet in Plankstetten einen Konvent von mittlerer Größe: 21 Patres und Fratres. »Dreißig wären ideal«, sagt er, »aber darüber wollen wir nicht reden, solche Vorstellungen lähmen nur.« Im Übrigen solle man sich durch die mächtig dimensionierte Anlage nicht auf eine falsche Spur locken lassen. Das barocke Kloster war für allenfalls zwölf bis fünfzehn Mönche ausgelegt, die Gebäude hingegen wollten als Tor zum Himmel verstanden werden, als porta caeli und Vorgriff auf die ewige Herrlichkeit.

Plankstetten wurde anno 1129 durch Graf Ernst IV. von Greglingen gegründet. Seine erste Blüte fiel zunächst dem Bauernkrieg zum Opfer, später dem Dreißigjährigen Krieg. In der Barockzeit kam es zu einem neuerlichen Aufschwung, zu einer Zeit glückhaftester innerer und äußerer Entfaltung. Eine Reihe von Äbten steht für diese Epoche, unter ihnen vorzüglich Maurus Xaverius Herbst, der im Geruch der Heiligkeit starb und heute noch breite Verehrung genießt. 1806 wurde das Kloster säkularisiert und erstand erst 1904 wieder, wobei sich das Kloster Schäftlarn und der Baron Theodor von Kramer-Klett als geistliche respektive weltliche Geburtshelfer betätigten.

Die Realschule, die man einst betrieb, ist wegen rückläufiger Schülerzahlen längst geschlossen. Dafür hat man nun das Gästehaus St. Gregor, kein Hotel im landläufigen Sinn, aber ein Quartier für all jene, die sich in lockerer Anbindung an den klösterlichen Alltag erholen wollen, auf dass neben dem Leib auch Geist und Seele auf ihre Kosten kämen. Teile des Konventtraktes wurden zu modernen Tagungs- und Seminarräumen umgestaltet. Firmen nutzen das gerne, manchmal auch für das gehobene Management, dessen Mitglieder, um sich für den Job zu stählen, beispielsweise auf dem Berchinger Stadtplatz musizieren oder nachts sogar das Zimmer teilen müssen.

Dank der Weisung ihres Gründers, zu beten und zu arbeiten, können sich die Benediktiner, selbst wenn sie dies wollten, der Welt nicht entziehen. Abt Gregor vergleicht das Kloster mit einem Hafen, der zwar offen sein, aber an seinem Ort bleiben muss. Sprich: Man darf sich der Sehnsucht der Welt nach mehr Geistlichkeit nicht verschließen, sollte darum jedoch auch nicht zu sehr nach außen gehen oder gar »auf alle Aktualismen abfahren«.

In diesem Punkt trifft Abt Gregor sich wie von ungefähr mit seinem Nachwuchs. Frater Albert, der sich durch die zeitliche Profess sehr verbindlich fürs Kloster entschieden hat, kennt das Leben in der Welt draußen. Er hat Biologie studiert und sich zum Industriekaufmann ausbilden lassen; überdies war er mit einer Frau liiert: »Ich weiß, auf was ich verzichte ...« Ihm gehe es nicht um Versorgung oder um ein vermeintlich gemütliches Leben – wer das so sehe, der solle mal ein paar Wochen mit ihm tauschen –, sondern um die Suche nach Gott. Dafür sei die klösterliche Struktur eine große Hilfe, während man draußen stets Gefahr laufe, sich im Alltag und Gott aus den Augen zu verlieren.

Pater Godehard, Prior und zugleich Pfarrer von Plankstetten, hat zu seinen anderen Talenten auch jenes sehr bayerische, die Dinge handfest und bodenständig zu beschreiben. »Wir Benediktiner«, sagt er, »wir erden das geistliche Leben.« Und: »Der heilige Benedikt verlangt von seine Leut nie was G'spinnerts.«

Is des woua?

Ein Streiflicht zum Preis der Oberpfalz

Als Ernst Moritz Arndt 1798 durch Deutschland wanderte, kam er auch in die Oberpfalz. Hinter Neumarkt wollte es ihm scheinen, als würden die Dörfer schlechter und die Menschen »verstockter und tückischer von Ansehen, obgleich sie meist besser gebildet sind als die Thüringer und Frankenbauern«. Das widerfuhr ihm auf dem Weg von Nürnberg nach Regensburg. Insofern wird er, weil er wahrscheinlich der Trasse der heutigen A3 gefolgt ist, Ensdorf überhaupt nicht berührt haben, eine Gemeinde, die heute fast berühmter ist als alle oberpfälzischen, bayerischen und deutschen Gemeinden zusammen. Aus ihr stammt der Student Gerhard Krammer, der bei Günther Jauch eine Million Euro gewonnen hat. An ihm hätte Arndt sehen können, dass die Leute dort keineswegs verstockt oder gar tückisch aussehen, aber tatsächlich sehr gebildet sind: Dass Max Frisch in Zürich ein Freibad gebaut hat, begründete Krammer unter anderem damit, dass es nun allmählich Zeit werde für seine Million.

Für Bayern ist Krammers Sieg natürlich höchst erfreulich, zeigt er doch, dass es mit der Pisa-Studie seine Richtigkeit hatte und der uralte weißblaue Wissensstandort vorderhand nicht gefährdet ist. Doch auch für die weitere landeskundliche Erforschung der Oberpfalz dürfte dabei der eine oder andere Nebennutzen abfallen. Früher war man ja, auch im restlichen Bayern, der Ansicht, die Oberpfälzer könnten überhaupt nicht reden, und wenn schon, dann unverständlich. Walter Höllerer fragte in einer seiner Reden einmal, ob es wahr sei, dass eine Krähe in einem Jahr hinter dem Ohr ein Büschelchen Haare wachsen lassen könne – das allerdings auf oberpfälzisch, also mit einer Menge »gestürzter« Diphtonge: »Is des woua, / dass a Kroua / in an Joua / hinterm Oua / a Schepperl Houa / wachsen loua / ka?« Krammer verzichtete auf solche Scherze, obwohl er Jauch damit leicht in den Wahnsinn hätte treiben können. Dennoch bewies auch er, und zwar in dialektal gefärbtem Hochdeutsch, wie welthaltig alles Bodenständige letztlich ist. Er wusste auf Anhieb, dass man Aktenkoffer, Schulranzen und Rucksäcke nicht essen kann, Apfeltaschen hingegen sehr wohl. Dergleichen lehrt einen das Leben, am eindrücklichsten das in einer oberpfälzischen Familie, die, wie man so sagt, nicht auf Rosen gebettet ist, sondern eher auf Kartoffeln.

Dem Aufklärer Friedrich Nicolai kann man vieles nachsagen, nicht jedoch, dass er ein Bayern-Fan gewesen sei. Er stieß, bezogen auf die Oberpfalz, einst folgenden Seufzer aus: »Ein Land, das von der Natur so herrliche Gaben empfangen hat, und ein Volk, das gesund und unverzärtelt ist – was ließe sich damit nicht ausrichten.« Heute wissen wir die Antwort: Mit so einem Volk lässt sich beispielsweise die Sendung »Wer wird Millionär?« aufs Witzigste knacken.

McIrschenberg mit Ärger und allem Salat

Wie der Bau eines US-Konzerns an der Autobahn München–Salzburg zwar den Blick auf die Alpen kaum verstellt – wohl aber den auf die Tatsachen

Mit dem Missionar Marinus, der die Gegend um den Irschenberg dem rechten Glauben zuführen wollte, nahm es ein böses Ende. Anno 697 drangen versprengte Wenden in seine Höhle ein, und da er ihnen die Siedlungen der Einheimischen nicht verriet, verbrannten sie ihn auf einem Holzstoß. Vorher peinigten sie ihn. Im Wilpartinger Kirchlein wird das drastisch geschildert, in Bild und Wort: »Hie durch den anger shlaipfens ihn, / vom teifl angehetzet, / dass shier kein orth wird sein darin, / so sein blut nit benetzet.« Dafür schenkte ihm der Himmel eine beträchtliche Wunderkraft, die sich bereits 955 derart auswirkte, dass marodierende Ungarn, als sie Irschenberg heimsuchen wollten, mit Blindheit geschlagen wurden.

Es ist keineswegs auszuschließen, dass dieses Mirakel partiell bis heute anhält, indem es nämlich eine Menge Leute gibt, die ein bundesweit beachtetes Bauvorhaben dort draußen völlig anders sehen, als es werden soll. Jedermann weiß mittlerweile: Der Fastfood-Konzern McDonald's will am Irschenberg ein Restaurant errichten. Der Gemeinderat ist dafür und hat auch einen Bebauungsplan verabschiedet; eine kleine, aber zähe Bürgerbewegung, angeführt von dem Arztehepaar Anneliese und Klaus Lintzmeyer, ist dagegen und hält den Bebauungsplan für eine standortschädigende Machenschaft. Dies die leidlich klaren Fronten. Nichtsdestoweniger herrscht in der Sache ein Nebel wie oft im Voralpenland – nur dass sich daraus keine betörenden Bergkulissen erheben.

Das Bild hinter diesem Nebel ist vielmehr hässlich. Es zeigt den schlechterdings einmaligen Blick, der sich auftut, wenn man die Irschenberghöhe erreicht hat, einen Ansichtskartenblick auf Berge wie die Ramboldplatte, den Brunstkogel, die Bodenschneid und, versteht sich, den Wendelstein. Mitten drin: das Wilpartinger Kircherl mit der Veitskapelle daneben. Diesen Blick, so die vorherrschende Meinung, will McDonald's ruchloserweise verbauen. Korrupte Kommunalpolitiker, heißt es ferner, reichen den Big-Mäc-Heinis dazu die Hand, um sie mit Gewerbesteuern und sonstigen Vorteilen zu füllen. Die Empörung ist allgemein und der Bayerische Heimattag erließ zum Beispiel eine Resolution dagegen, dass da »ohne Not einer der glanzvollsten Aussichtspunkte« wirtschaftlichen Interessen geopfert werden solle.

Der Heimattag ist eine Arbeitsgemeinschaft des Bundes Naturschutz in Bayern, des Bayerischen Landesvereins für Heimatpflege und des Verbands bayerischer Geschichtsvereine. Das sind lauter sachkundige Gremien und ihre Anliegen aller Ehren und Anstrengungen wert. So etwa räsonnierten sie bei ihrem Treffen auch über den »schlanken Staat«, der sich der Verantwortung für das Bauwesen teilweise entledigt habe, was die Qualität auf diesem Sektor nicht eben fördere. So recht sie damit generell haben mögen, so wenig passt ihre Rüge für den Irschenberg: Der glanzvollste Aussichtspunkt stand als Bauplatz nie zur Debatte, wird dies auch nie tun. Pech für den Bayerischen Heimattag, dass keines seiner vielen Mitglieder die Zeit fand, sich die nötigste Ortskenntnis im Rahmen etwa eines Spaziergangs anzueignen.

Kurze Lagebesprechung. Der Irschenberg, 750 Meter über dem Meeresspiegel, ist der höchste Punkt der Autobahn München–Salzburg. Seit 1950/51 gibt es dort ein Rasthaus samt Tankstelle. Das Ensemble liegt, unschön wie es ist, südlich der A8 im Ortsteil Wendling, das Dorf Irschenberg selbst nördlich, was die wenigsten wissen, weil es hinter ein paar sanften Hügeln verborgen ist. Für einen, der aus München kommt, eröffnet sich der Blick nach Südosten, auf Wilparting und die Alpenkulisse hin, erst nachdem er die Raststätte passiert hat. (Und in der Tat, wenn hier ein McDonald's entstünde, müsste man den Konzern aus- und die Irschenberger einweisen, nämlich ins Irrenhaus.) Der für McDonald's vorgesehene Bauplatz ist eine Wiese westlich der Tankstelle, von der aus es keinen Blickkontakt nach Wilparting gibt.

Für die Lintzmeyers macht das den Kasus in

keiner Weise erträglicher. Ihrer Ansicht nach – und sie wissen sich darin einer Meinung mit Naturfreunden, Denkmalschützern und Erschließungsskeptikern – handelt es sich bei dem fraglichen Baugrund ebenfalls um ein höchst sensibles Stück Natur. An Argumenten haben sie keinen Mangel. Erstens sei das keine beliebige Wiese, sondern eine »weithin einsehbare Kuppe«, die laut Voralpen-Bekanntmachung von Bebauung freizuhalten ist. Zweitens und grundsätzlich müsse man an solchen Stellen die raumordnerischen Ziele von Nachhaltigkeit und gewachsener Kulturlandschaft berücksichtigen, also im weitesten Sinne dem »Geist der Landschaft« Rechnung tragen. Drittens aber stehe zu befürchten, dass mit einem McDonald's-Lokal ein Präzedenzfall geschaffen und der weiteren uferlosen Verbauung Tür und Tor geöffnet wird.

Was nun den »Geist der Landschaft« angeht, so will es scheinen, als ob er zwei Seiten oder Schichten hätte. Vordergründig lässt er sich mit Begriffen wie Schönheit, bäuerlich-ländliche Kultur, bewahrenswertes Erbe und ähnlichen erfassen. Der Hintergrund wäre dann wohl bei den dort lebenden Leuten zu suchen, und diese Recherche gestaltet sich zwiefach schwierig. Zum einen gilt der Menschenschlag da draußen als etwas rau: In Zeiten des Haberfeldtreibens – eines dörflichen Rügebrauchtums, das in seiner extremen Ausformung zur Lynchjustiz tendierte – waren Irschenberg und das Miesbacher Land berüchtigte Territorien, die maskierten Rächer und Sittenbolde zuletzt nur durch das Militär zu bändigen. Zum anderen hat der zwei Jahre währende Streit um McDonald's zu einer Erhitzung der Gemüter geführt, die so schnell nicht abklingen wird.

Die Gemeinde Irschenberg, die man bisher über der gleichnamigen Autobahnausfahrt fast vergessen hatte, steht wegen dieser Sache in breitester Öffentlichkeit. Einer, der deswegen fuchsteufelswild werden kann, ist Bürgermeister Quirin Höß, und Leute von der Presse tun gut daran, sich ihm nicht unvermutet zu nähern. Wieso? Nun, lange Zeit geisterte ein Bild durch die Blätter, eine als Warnung gedachte Fotomontage, die einen McDonald's vor der Wilpartinger Kirche zeigte. Die Kommentare dazu waren in aller Regel eindeutig, nämlich dass eine Gemeinde, die so etwas zulasse oder gar fördere, an Schändlichkeit nicht zu überbieten sei. Ein andermal, sagt Höß, und die alte Wut kommt von neuem über ihn, habe eine Dame vom Fernsehen ihn vor laufender Kamera dazu einvernehmen wollen, wie viel Schmiergeld man ihm geboten habe. Das Niveau in den Medien, schnaubt Höß, sei »unter de Fiass – des kennan S' ruhig schreibn!«

Redet man mit Leuten wie Quirin Höß, dann kommt sehr schnell eine Haltung an den Tag, die man, je nach Blickrichtung, als dörfliche Eigenständigkeit bezeichnen könnte oder aber als Eigensinn; das eine impliziert Kulturstolz und generelle Offenheit, das andere Sturheit und Abkapselung. In Irschenberg findet man wahrscheinlich, wie andernorts auch, ein Gebräu aus beidem vor. Jedenfalls spürt man überdeutlich, dass Einmischungen von außen, seien sie nun guter Rat oder üble Nachrede, nicht länger willkommen sind.

Bürgermeister Höß hat ein paar handfeste Briefe in der McDonald's-Mappe, unter anderem einen aus Neu-Ulm, worin ihm geraten wird, bei seiner Liebe zu Amerikanischem doch in die USA auszuwandern. »Aber lassen Sie«, schließt der Brief, »bitte Ihre Krachlederne daheim! Bayern pfeift auf Sie.« Höß seinerseits pfeift mittlerweile auf solche Vorschläge, sagt, dass er allmählich »a bissl zinti« werde, also sehr zornig, greift zu der unmöglich zu beantwortenden, im Bayerischen aber existenziellen Frage »Ja, wo samma denn?« und verkündet, dass er und sein Gemeinderat, wenn es um die Entwicklung der Gemeinde geht, »koan Kaschperl vom Niederrhein oder von Dubai« brauchten.

Das korrespondiert schnurgerade mit einem Diktum des Landwirts, Tankstellenpächters und Gemeinderats Klaus Waldschütz: »Jeder, der amoi bei uns durchgfahrn is und sein Hund zum Scheißn gführt hat, moant, dass er uns was zum sagn hat.« Waldschütz ist der, auf dessen Grund einmal ein Formel-1-Museum hätte gebaut werden sollen. Das war damals aus raumordnerisch relevanten Gründen abgelehnt worden, und die Familie Lintzmeyer verficht seitdem den Standpunkt, dass ein Schnellrestaurant à la McDonald's den gleichen Restriktionen unterliegen müsste, wenn es mit rechten Dingen zuginge.

Freilich: Dass es mit rechten Dingen zugeht, daran glauben sie längst nicht mehr, und das nicht nur, seit sie miese Briefe bekommen, in denen es heißt, man habe seinerzeit vergessen sie zu vergasen. Ihre Verdachtskette beginnt mit einem Brief Ministerpräsident Edmund Stoibers an die Gemeinde Irschenberg vom Dezember 1997, in dem davon die Rede ist, dass landesplanerische Bedenken grundsätzlich überwindbar seien. Die Staatskanzlei bemerkt dazu, dass Stoiber damit weder Zustimmung noch Ablehnung habe signalisieren wollen, ja, dass es regierungsseits gar keinen Kontakt zu McDonald's gebe. Die Lintzmeyers deuten das völlig anders, und zwar folgendermaßen: Stoibers Bemerkung sei die blanke Einflussnahme, und so ein Wort werde von nachgeordneten Stellen selbstverständlich gehört und im intendierten Sinne befolgt; überhaupt müsse man längst »von einer McDonaldisierung der Bayerischen Staatskanzlei und der CSU sprechen«.

Obwohl ihnen im Eifer ihres unendlichen Gefechts schon mal Termini wie »amerikanischer Einheitsfraß« in die Feder fließen, beteuern die Lintzmeyers, dass sie keinen ideologischen Kampf führen, sondern einen für die Erhaltung der unverschandelten Heimat (Anneliese Lintzmeyer ist immerhin gebürtige Irschenbergerin). Matthias C. Baumgarten und Peter-Michael Klauer von McDonald's, zuständig für Kommunikation beziehungsweise Immobilien, verdrehen da innerlich die Augen. Aus ihrer Sicht ist die Angelegenheit unkompliziert. »Wir sind«, sagen sie, »ein Wirtshaus wie jedes andere auch, und wenn der Bürger unser Angebot annimmt, so ist das seine Sache und nicht die der Familie Lintzmeyer.«

Im Übrigen hat man ihnen ihr Vorhaben tüchtig zusammengestutzt. Schöpfer der Welt, was sie nicht alles wollten: Die Golden Arches, ihr »M«, auf einem Pylon oder wenigstens dem Giebel, vielleicht auch nur ein klitzekleines »M« auf den Tafeln, die den Rastplatz ankündigen! Daraus wurde nichts, weil die Autobahn werbungsfrei bleiben muss und die Autofahrer keiner »Entscheidungswerbung« ausgesetzt werden sollen, die sie ablenkt und möglicherweise auf den Vordermann krachen lässt. Nun darf das »M« an der Längswand höchstens 250 Zentimeter groß werden, der Firmenname muss noch kleiner ausfallen. Zudem hat man ihnen aufgegeben, den Bau um 180 Grad zu drehen, mit der Terrasse zur Tankstelle, weil Häuser und Ställe in dieser Gegend angeblich immer so stehen. »Wir bauen aber keinen Kuhstall«, mault Klauer, doch hilft ihm das nichts.

Ihre letzte Hoffnung hatte die Familie Lintzmeyer auf eine Normenkontrollklage gesetzt, für die sie allerdings Irschenberger gebraucht hätte, die persönliche Nachteile geltend machen können und darum klageberechtigt sind. Als Anneliese Lintzmeyer die paar Leute aufsuchte, die Mitwirkungsbereitschaft signalisiert hatten, stieß sie indessen auf ein Häuflein Verzagte. Keiner wollte die Vollmacht unterzeichnen, ohne die der Anwalt nicht tätig werden kann. Man fürchte Schikanen, Ausgrenzung, öffentliche Anprangerung, Pöbeleien, Repressalien oder gar Morddrohungen. »All dies«, sagt Frau Lintzmeyer, die schon einmal »eine geistige Dorferneuerung« für Irschenberg gefordert hatte, »spiegelt das menschliche Klima in unserer Gemeinde wider.«

Vor kurzem waren die Lintzmeyers übrigens auch im Landratsamt Miesbach, um sich über ihre bürgerlichen Rechte belehren zu lassen. Das unergiebige Gespräch wurde vorzeitig beendet und Frau Lintzmeyer glaubt auch zu wissen, warum. Draußen wartete bereits einer, den sie an seiner Körpersprache und seinem blauen Hemd sofort identifizieren konnte. »Hopp«, dachte sie, »des is einer« – nämlich einer von McDonald's.

Diese Reportage spielt zu einer Zeit, als die Errichtung eines McDonald's-Restaurants am Irschenberg heftig umstritten war. Mittlerweile wurde das Restaurant gebaut; da es sich geradezu unscheinbar in die Raststättenanlage integriert, haben sich indessen auch die Klagen erledigt. Der Streit um die Errichtung bleibt freilich paradigmatisch für falsch verstandene bayerische Heimatpflege.

Der Eisenschädel-Streit um den Propheten

Geschichten vom sagenhaften Seher Mühlhiasl

Der Volkskundler Reinhard Haller hat, postalisch betrachtet, eine wilde Zeit hinter sich: Zum Beispiel befand sich unter seiner Post ein Ausriss aus dem *Bayerwald Wochenblatt*, worauf in krakeligen Buchstaben geschrieben stand: »Es wäre besser, es hätte Dich niemals gegeben!« Und ein Mann aus Deggendorf stellte ihm vor Augen, wohin es führt, wenn der Respekt vor den Ahnen dahingeht: »Die Mächte der Finsternis treten zum Endkampf an. Wir stehen am Vorabend großer Ereignisse.«

Haller hat ein Buch herausgebracht. Das allein wäre noch kein Grund zur Aufregung, denn es gibt im Bayerischen Wald nicht leicht einen produktiveren Publizisten als ihn. Über Armenseelentaferl hat er geschrieben und über schnitzende Bauern, über seinen Geburtsort Bodenmais und, unter dem Titel »Aufzwickt«, über den niederbayerischen Volkshumor. Sein Freund und Verleger Erich Stecher vom Grafenauer Morsak Verlag zwickt ihn deswegen gern auf, indem er ihm fürs Rentenalter in Aussicht stellt, er dürfe dann den Verlagshof zusammenkehren – wenn er nur kein Buch mehr schreibe.

Hallers besagtes Werk hat 587 Fußnoten.

Dass es, oder sein Widerhall, trotzdem bis zum so genannten gemeinen Mann vordringt, liegt am Thema: dem »Mühlhiasl«, jenem legendären »Waldpropheten«, der in der zweiten Hälfte des 18. Jahrhunderts im Bayerischen Wald gelebt und geweissagt haben soll. Der Grad seiner Bekanntheit ist, selbst für Prophetenverhältnisse, ganz erstaunlich: Man findet in Altbayern heute noch Leute genug, denen die wichtigsten seiner Metaphern – die Rotjankerl, der eiserne Hund, dem Bettelmann sein Rock, das große Bänkabräumen – jederzeit geläufig sind und die, wann immer sie Apokalyptisches zum Besten geben wollen, gerne mit der Floskel »wia scho da Mühlhiasl g'sagt hat« beginnen.

Was Hallers Buch von anderen Mühlhiasl-Publikationen unterscheidet und was seinem Verfasser die bösen Zuschriften einbrachte, ist Folgendes: Der Volkskundler geht mit der überlieferten Ansicht, der Mühlhiasl sei Klostermüller zu Apoig gewesen, derart gründlich ins Gericht, dass nun er selbst in dem Geruch steht, er wolle dem Volk den Mühlhiasl wegnehmen. Darüber ist es im Bayerischen Wald zu Fehden gekommen, deren Heftigkeit schon der Mühlhiasl vorausgesehen hat: »Wer's überlebt, muss einen eisernen Kopf haben.«

Einen eisernen Kopf braucht auch, wer in die Mühlhiasl-Materie eindringen will. Das liegt vor allem daran, dass das Schrifttum mehrere Versionen zu dessen Existenz bereithält. Version eins: Der Waldprophet hieß Matthias Lang und war Klostermüller zu Apoig, ein

Dienstmann also des weiland Prämonstratenserstiftes Windberg bei Straubing. Version zwei: Der Waldprophet wurde zwar Mühlhiasl genannt, hieß aber in Wirklichkeit Stormberger (oder Stoaberger) und war Viehhirte sowie Aschenbrenner zu Rabenstein hinter Zwiesel. Version drei: Der Mühlhiasl war beides, Klostermüller hie und Aschenbrenner da – ein Seher mit wechselnden Wohnsitzen gewissermaßen.

Reinhard Haller kaprizierte sich auf die Apoiger Version, die auf den Pfarrer Johann Evangelist Landstorfer zurückgeht. Dieser Geistliche schrieb 1923 im *Straubinger Tagblatt* über einen aufgrund der Hunderdorfer Pfarrmatrikel tatsächlich nachweisbaren Müller Matthias Lang. Wegen dessen Identität mit dem Mühlhiasl stützt Landstorfer sich auf seinen Amtsvorgänger, den Pfarrer Mühlbauer, respektive auf dessen Vater, der »noch ein spezieller Freund« des Propheten gewesen sein soll.

Damit ist die Historie vom Mühlhiasl in der Welt, und sie hört sich, selbst wenn man sie nur summarisch referiert, durchaus tragisch an. Der Mühlhiasl also hatte die Gabe des Zweiten Gesichts und war schon deswegen seinen Dienstherren, den Windberger Mönchen, suspekt. Dazu kam, dass er angeblich schlechtes Mehl lieferte und mit dem Pachtzins in Verzug geriet. Er wurde daher von der Mühle gejagt und verschwand, nicht ohne freilich den hartherzigen Mönchen ihre eigene Vertreibung – sie erfolgte bei der Säkularisation anno 1803 – brühwarm prophezeit zu haben.

Später soll er als Mühlenrichter durch den Wald gezogen und schließlich in Rabenstein gelandet sein, wo er sich, wohl nach seinem Geburtsort Steinberg, »Stoaberger« nannte und Pottasche für die Glasfabrikation brannte. Der Weltuntergang in allen Facetten war sein Leib- und Magenthema. Eine seiner letzten Wahrsagungen ging dahin, dass er den Leuten noch im Tod auskommen werde, und wie das Leben so spielt, löste sich bei seiner »Leich« ein Wagenrad, dergestalt, dass der Sarg zu Boden stürzte und aufbrach. Aus dem Loch aber ragte des Mühlhiasl sehnige Prophetenfaust.

Hallers Gegenthese läuft darauf hinaus, dass besagter Lang erstens nicht Kloster-, sondern Stiftsmüller war, dass er zweitens nicht vertrieben wurde, sondern die Mühle verkaufte, und dass er drittens danach kein Vagabundenleben führte, sondern in Straubing eine Gärtnerei betrieb, dort starb und – ohne Radbruch oder sonstige Spektakel – auf dem Friedhof zu St. Peter begraben wurde. Insbesondere aber: Ein Zusammenhang zwischen diesem Matthias Lang und dem Mühlhiasl sei durch nichts zu belegen. Ferner seien dessen Prophezeiungen gar keine echten Zukunftsvisionen, sondern das, was die Fachwelt vaticinium post eventum nennt: Visionen vergangener Ereignisse, die sich in die Zukunft hineinprojizieren lassen.

Das Buch war kaum auf dem Markt, als sich ein anderer Mühlhiasl-Spruch bewahrheitete: »Raufen tut alles.« Es erhob sich zum Beispiel in Passau der gewaltige Streiter Franz Xaver Hirtreiter, Geschäftsführer der *Passauer Neuen Presse* und in früheren Jahren selbst publizistisch um den Hiasl bemüht. Er nannte Haller einen »angeblich seriösen Volkskundler«, sah eine Erbitterung walten wie zwischen »Serben und Kroaten« und stellte ins Verbreitungsgebiet seiner Zeitung die bange Frage, was wohl bliebe, »ginge man mit dem gleichen Anspruch an die Marienerscheinungen heran oder an Nostradamus«. Ein anderer Kämpe stand auf zu Neuburg am Inn. Er sagte Haller brieflich auf den Kopf zu, dass er »trotz Dr.-Titel« nicht über den Tellerrand zu schauen vermöge und zu jenen gehöre, von denen es im Lindengedicht (einem unter Spökenkiekern ebenfalls höchst relevanten Endzeitstück) heiße: »Alle Städte werden totenstill, auf dem Wiener Stephansplatz wächst Dill.«

Dass Affären wie diese zur Spurensuche verlocken, versteht sich. Windberg ist heute wieder von Mönchen besiedelt und hat einen guten Ruf als Stätte der Begegnung und Fortbildung. Als dort einmal der Kurs »Oma, kannst du mir heute glauben helfen?« angeboten wurde, meldete sich unter anderen Anna Ammer. Sie hatte es nicht weit, denn sie wohnt mit ihrem Mann in der ehemaligen Klostermühle. Das ist eine der beiden Mühlen, die einst den Windberger Patres zinspflichtig waren. Man erreicht sie über einen abschüssigen Waldweg, und wenn man Glück hat, bekommt man von Frau Ammers unübertrefflichen Maultaschen tüchtig etwas ab.

Man sieht sich um. In dieser Stube muss passiert sein, was man in Manfred Böckls Mühlhiasl-Roman gelesen hat: Wie der Hiasl mit seinem Bruder Hans in Streit geriet; wie dieser in tödlichem Hass ein Stilett zog; wie der Hiasl daraufhin das Kruzifix zu fassen kriegte und es dem Bruder derart über den Schädel zog, dass der an dem Schlag bald gestorben wäre. Anna Ammer ihrerseits erzählt die Geschichte von Mühlhiasls Beerdigung. Genau auf besagtem Waldweg sei das mit dem Wagenrad passiert: Der Sarg habe sich geöffnet, und der Mühlhiasl sei in den Weiher gefallen. Nach dem Krieg, im 1945er Jahr, sei dann ein amerikanischer Mühlhiasl-Fan vorbeigekommen. Er habe im Wasser etwas Dunkles liegen sehen, das man dann mit Hilfe der Windberger Ökonomie-Ochsen herausgezogen habe: ein Stück Holz in Gestalt eines Menschen. Der Amerikaner sei zufrieden wieder abgezogen, den Baumstamm aber habe man getrocknet und verheizt.

Auf der Apoiger Mühle, jenseits des Klosterberges, sitzt heute Georg Schneider; die Mühle wird als kleines Kraftwerk genutzt. Der bärtige, kompakte Mann sieht aus, wie sich manche Illustratoren den Mühlhiasl vorgestellt haben. Betrachtet man seine imponierenden Pratzen, so ahnt man nicht, wie viel Feingefühl in ihnen steckt. Später, wenn man seine ausgetüftelten Hinterglasmalereien und sonstigen Basteleien gesehen hat, weiß man's besser. Das Kraftwerk hängt voller Ikonen und mutet an wie eine Kapelle mit angeschlossener Energiestation.

Es erweist sich, dass Georg Schneider ein höchst philosophischer Kopf ist. Tischt er Plätzchen auf, so sagt er, mit Blick auf den Teller: »Man kann sich allerhand zuziehen – ein Gewicht kann man sich zuziehen.« So redet auch ein Achternbusch, und der stammt schließlich ebenfalls aus dem Mühlhiasl-Land. Schneider gibt sich (entgegen einer Haller'schen Warnung) ganz und gar friedlich, wenn er auch darauf besteht, dass »sein« Müller Lang und kein anderer der Mühlhiasl war. Die Schuld an weiterführenden Spekulationen weist er der allgemeinen Hinfälligkeit der Welt zu. »Gibt vui«, meint er, »de wia sagn, dass der Stormberger der Mühlhiasl is, weil es scheißt si ja koans um den andern.« Betroffen verabschiedet man sich.

Auf dem Weg nach Zwiesel ein kleiner Umweg über den Arbersee, auf dessen Parkplatz seit Jahren ein Maschinen-Mühlhiasl gegen Geld wahrsagt; leider ist das krächzende Monster jetzt im Winter abgebaut. Beim Wirtshaus steht eine Platte mit aufgemaltem Waldpropheten, eine Werbung für den Kräuterlikör »Blutwurz«. Das Gesicht ist ausgespart, da kann der Tourist seinen Kopf durchstrecken und sich fotografieren lassen. Beim Ortseingang von Zwiesel findet man das lustige Stück ein zweites Mal, und zwar beim Produzenten des Likörs, der bekannten Bärwurzerei Hieke (»Hast du Bärwurz in der Blutbahn, kannst du balzen wie ein Truthahn«).

Hier hinten ist Stormberger-Land. Hier hat der Volksschriftsteller Paul Friedl, den sie den

Baumsteften-Lenz nannten und der Sätze wie »Ängstig kreuschelte seine Stimme aus dem engen Hals« zu modellieren wusste, den Stormberger als Findelkind auftauchen lassen. Erwin Steckbauer, einst Leiter des Zwieseler Waldmuseums, stammt aus dem Buchinger-Anwesen zu Rabenstein, wo das Kind seinerzeit Aufnahme fand, obwohl es der »Tuifl« (Friedl) zu sein schien. Nach Steckbauers Ansicht sollte man die ganze Geschichte dort lassen, wo sie hingehöre, nämlich im »Reich der Sage«. Die Geschichten, die ihm noch sein Großvater über den Seher von Rabenstein erzählte, hat er allerdings ins Reich der Kunst sublimiert. Er nimmt das Aquarell »Alte Glashütte« von der Wand. So, meint er, müsse es zu Stormbergers Zeiten rund um den in den Weissagungen oft erwähnten Hennerkobl ausgesehen haben.

Sage hin, Kunst her – im wirklichen Leben ist die Sache längst nicht ausgestanden. Die Straubinger Mühlhiasl-Koryphäe Rupert Sigl etwa plant eine große Haller-Widerlegung, will über deren Kernpunkte allerdings nichts verraten: »Lassen S' mir mei Premiere!« Ein publizistisches Vakuum, das der Romanautor Manfred Böckl wirkungsvoll zu besetzen gedenkt. Spötter haben ihm den Beinamen »Tolstoi des Bayerwaldes« gegeben, was indessen nicht zutrifft, denn für einen Tolstoi arbeitet Böckl zu schnell und zu bissig. Sein Roman über den Mühlhiasl ist zum einen eine wütende Auseinandersetzung mit dem Klerus, der – repräsentiert durch die Windberger Mönche – vom Waldpropheten so hart attackiert wird, dass ihm oft nichts übrig bleibt als ein »wehes Aufraunzen«. Zum anderen ist er ein recht heidnisches Bekenntnis zu vorchristlichen »Anderwelten«: Öfter fast als erträglich, »strudelt« der Mühlhiasl »in einen jaulenden Riss im Gefüge von Raum und Zeit hinein«.

Dieser Manfred Böckl will in Reinhard Hallers akribisch anmutenden Untersuchungen einen Denk- oder wenigstens Interpretationsfehler entdeckt haben. Wie Sigl schweigt er sich, verständlicherweise, über die Art seines Geschosses aus, doch dass er es aus dem Köcher ziehen wird, beschwört er: »Ich werde beweisen, dass der auf dem Straubinger Peters-Friedhof Beerdigte nicht der Matthias Lang aus Apoig sein kann.« Sagt's und schaut dabei, als hätte er's frisch aus dem jaulenden Riss im Gefüge von Raum und Zeit …

Im Reich der Ochsenfrösche

Ein Streiflicht zur Biergartenkultur

Nicht vom Wetter, wohl aber von der Nachrichtenlage her war die letzte Woche eine ausgesprochene Biergartenwoche. In Ingolstadt hat sich ein Wirt dazu entschlossen, die hohen Backsteinwände, die seinen Biergarten eingrenzen, mit einem teuren Schallschutz auszukleiden und auf diese Weise einen Anrainer zufrieden zu stellen (der Anrainer aber war, wie man lesen konnte, »a Preiß«). Sodann gab es in der Fernsehsendung »Einspruch« einen lärmenden Diskurs über das Missverhältnis zwischen Biergartenwirten und ihren Nachbarn, in dessen Verlauf eine unter den Zuhörern ansässige Psychologin die vielerorts herrschende Lehrmeinung zum Besten gab. Der zufolge sind Leute, die sich über den von Biergärten ausgehenden Lärm beschweren und auf Abhilfe drängen, nicht nur Nörgler, sondern allgemein kaputte Typen ohne die rechte Lebensfreude: kein Drive und kein Drall und kein Sawoawifre.

Es muss in diesem Zusammenhang erlaubt sein, wieder einmal und in aller Bescheidenheit die Frage zu stellen, was eher war, die Henne oder das Ei. Nun heißt es zwar in einem alten Schlager: »Die Nacht ist nicht allein zum Schlafen da«, aber dem kann man entgegenhalten, dass es deswegen auch nicht direkt verboten ist, nachts zu schlafen. Und was braucht man dazu? Richtig, die Nachtruhe. Entwicklungsgeschichtlich ist davon auszugehen, dass die Nachtruhe als solche ein natürliches Phänomen ist und älteren Datums als ihre Störung. Das klingt banal, doch kann man nicht oft genug auf derlei Banalitäten hinweisen, weil andererseits den so genannten Nörglern immer wieder vorgehalten wird, sie seien wahrscheinlich auch solche, die sich über das Quaken von Fröschen aufregen. So witzig, wie das klingt, ist es indessen nicht, indem nämlich der Frosch – das sagt ihm eine innere Stimme – quaken muss. Der Biergartengast hingegen ist kein Frosch, und sein Geländewagen schon überhaupt nicht, so dass es für beide keinen im Naturrecht verankerten Grund gibt, sich um Mitternacht aufzuführen, als wären sie leibhaftige Ochsenfrösche.

Klingt intolerant, nicht? Das mag daran liegen, dass viele Biergartenfans in jeder Veränderung der Sperrstunde nichts Geringeres als eine Menschenrechtsverletzung sehen, auf die sie am liebsten mit Lichterketten reagieren würden, und dass man von den nämlichen Fans in letzter Zeit ebenfalls recht seltsame Beispiele von Toleranz hat erleben dürfen. Deren Angebot an lärmgeplagte Nachbarn hat in aller Regel ultimativen Charakter und sieht so aus: Kommt doch zu uns in den Biergarten und freut euch mit uns oder zieht in drei Teufels Namen in eine ruhige Wohngegend, wo die Schlafröcke unter sich sind und die Bürgersteige um sieben hochgeklappt werden. Nur zu gerne unterschlagen sie dabei den Hinweis, dass sie selbst es waren, die, ehe sie losbrausten, dort draußen eigenhändig die Bürgersteige hochgeklappt haben.

Nachsatz

Die in diesem Büchlein versammelten Texte sind zwischen 1981 und 2002 in der *Süddeutschen Zeitung* erschienen, mit zwei Ausnahmen: Das »Bayerische Panorama« am Anfang will, als eine Art Vorwort, einen Blick auf die Welt bieten, in der die Geschichten ihre innere und äußere Heimat haben, und der Aufsatz über Altötting fasst kursorisch zusammen, was der Autor – er stammt aus dem Landkreis Altötting – über diese seine Heimatstadt sagen will und da oder dort auch schon geschrieben hat.

Die Geschichten gehören drei sehr unterschiedlichen Genres an. Was die umfangreicheren betrifft, Reportagen etwa wie die über den Dichter Uwe Dick oder über den Waldpropheten Mühlhiasl, so wurden sie für die »Seite Drei« der *Süddeutschen Zeitung* geschrieben. Für das Buch wurden sie, wo immer nötig, allzu deutlicher tagesaktueller Bezüge entkleidet, dies freilich nur insoweit, als es ihre Substanz und ihren Ton, ihren »Geschmack« sozusagen, nicht beeinträchtigte. Bei der Reportage über den Irschenberg erwies sich ein aktualisierender Nachsatz als förderlich. Die kleineren Geschichten waren in aller Regel für den Bayernteil bestimmt, sind also mehr dem Augenblick verpflichtet als der geruhsam-behäbigen Rundschau.

Die dritte Kategorie von Texten sind »Streiflichter«, wie sie fast seit Bestehen der *Süddeutschen Zeitung* auf deren erster Seite links oben erscheinen, glossierende Betrachtung über Gott und die Welt, im Fall der für dieses Buch getroffenen Auswahl über Bayerns Gott und die bayerische Welt. An ihnen wurde nichts geändert, doch fanden es Verlag und Autor nützlich, den Pauschaltitel »Streiflicht« durch je individuelle Titel zu ersetzen. Nach wie vor sind sie jedoch durch das stereotype »Ein Streiflicht zu …« in den Untertiteln leicht zu identifizieren.